Praxis Sprache 6

Ausgabe A

Berens · Hartmann-Czichowski · Henke · König ·
Menzel (Hrsg.) · Rudolph · Schäfer

westermann

Der vorliegende Band für das 6. Schuljahr wurde erarbeitet von

Wolfgang Menzel (Herausgeber)
Günter Rudolph
Jürgen Schäfer

Aufgaben, die besondere Leistungsanforderungen an die Schüler stellen, sind durch ein Quadrat (z.B. [2]) gekennzeichnet.

1. Auflage Druck 5 4 3 2
Herstellungsjahr 1998 1997 1996 1995
Alle Drucke dieser Auflage können im Unterricht parallel verwendet werden.

Verlagslektorat: Heiko Judith
Herstellung: westermann druck GmbH, Braunschweig

ISBN 3-14-**14 0556**-5

Inhaltsverzeichnis

Unterrichtseinheit

Sprechen und Schreiben

Grammatik - Reflexion über Sprache

Rechtschreiben

Arbeitstechniken

Texte für Partner- und Übungsdiktate

U1 Schule früher – Schule heute

① Auf beiden Fotos findet ihr Klassenräume in Schulen abgebildet.
Das ältere Foto ist vor ungefähr 90 Jahren aufgenommen worden und zeigt Schülerinnen und Schüler in eurem Alter.
Vergleicht die beiden Bilder.
Sicherlich fallen euch beim Vergleichen der Bilder Veränderungen auf, die sich in der Zwischenzeit in der Schule abgespielt haben.
Achtet z.B. einmal auf die Sitzordnung und die Raumgestaltung.

② Auf dem älteren Foto haben die Schülerinnen und Schüler eine ähnliche Sitzhaltung. Das kam, wie die folgenden Texte beweisen, nicht durch Zufall. Lest die beiden Texte, und äußert euch dazu.

Aus einem Ratgeber für Lehrerinnen und Lehrer von 1900:

Die Kinder sitzen während des mündlichen Unterrichts in Reihen und angelehnt. Die Hände liegen gefaltet auf dem Tisch. Zweckmäßiger erscheint es noch, die Kinder nach vorn geneigt sitzen zu lassen, so daß sie die Unterarme waagerecht in Richtung des Schultisches neben- oder übereinander auf demselben liegen haben.
Das Anzeigen kann in solcher Sitzstellung viel bequemer geschehen, indem einfach der rechte Unterarm in senkrechte Richtung und danach wieder in seine vorige Lage gebracht wird. Die Füße stehen parallel auf dem Tritte oder dem Erdboden. Das Auge ist auf den Lehrer gerichtet.
Alles Umsehen, Sprechen mit dem Nachbarn, Spielen mit den Fingern ist nicht zu dulden. Das Melden geschieht mit dem Zeigefinger der rechten Hand; sie darf dabei nicht von der anderen unterstützt werden. Beim Antworten hat sich das Kind zu erheben, gerade zu stehen, die Hände ruhig zu halten, in vollständigen Sätzen laut und rein zu sprechen. Beim Schreiben und Zeichnen ist besonders auf die Haltung des Körpers, der Feder etc. zu achten.
Das Aufnehmen der Tafeln und Bücher geschieht von der ganzen Klasse auf Kommando, ebenso das Weglegen. Schreib- und Zeichenbücher werden nach Zählen zusammengenommen. Auf „eins" fassen alle Schüler das zugemachte Buch an, auf „zwei" schiebt der letzte das seinige dem Nachbarn zu, der beide auf „drei" befördert usw. Die Reihenfolge der zusammengelegten Bücher muß der Reihenfolge der Schüler entsprechen. In ähnlicher Weise geschieht auch das Austeilen der Bücher.

Aus einer alten Schulordnung:

Damit jede Störung des Unterrichts unmöglich gemacht werde, hat der Lehrer vor Beginn des Unterrichts darauf zu halten (zu verlangen):

a) daß alle Schüler anständig, gerade, mit dem Rücken angelehnt und in Reihen hintereinander sitzen, damit der Lehrer alle leicht übersehen kann;
b) daß jedes Kind seine Hände geschlossen auf die Schultafel legt, damit alle Neckereien und Spielereien auf der Tafel unmöglich gemacht werden;
c) daß die Füße parallel nebeneinander auf den Boden gestellt werden, damit das Übereinanderschlagen der Beine und das Hin- und Herscharren der Füße nicht stattfinden kann.

Auskünfte einholen – Stichwörter notieren

Wenn ihr mehr über die Schule von früher wissen wollt, befragt ältere Menschen, die sich noch an ihre Schulzeit erinnern. Vielleicht haben einige von euch einen Großvater oder gar eine Urgroßmutter, oder ihr kennt ältere Leute in der Nachbarschaft.

① Welche Fragen wollt ihr stellen? Überlegt zunächst, was euch an der Schule von früher interessiert (z. B. Art der Schule, Größe der Schule, Anzahl der Schülerinnen und Schüler pro Klasse, Art des Unterrichts, Schülerstreiche ...).

② Schreibe für die Befragung deine Fragen auf ein Blatt Papier. Laß genügend Raum, damit du dir die Antworten in Stichwörtern notieren kannst. So könnte dein Blatt aussehen:

③ Bereite nach deiner Befragung einen kleinen Kurzvortrag vor, in dem du deinen Mitschülerinnen und Mitschülern berichtest, was du über die Schule von früher erfahren hast. Halte auf einem Stichwortzettel fest, in welcher Reihenfolge du berichten willst. Vergiß nicht zu erwähnen, mit wem du gesprochen hast.

④ In einigen Städten (z. B. Berlin, Dresden, Leipzig) gibt es Schulmuseen, in denen Klassenräume, Schulbücher, Klassenbücher, Wandkarten und anderes aus früherer Zeit zu sehen sind. Erkundigt euch, ob es in eurer Nähe ein solches Schulmuseum gibt, ihr solltet es einmal besuchen.

Rollenspiel: Unterricht um 1900

① Stellt in einem Rollenspiel dar, wie sich die Lehrerinnen und Lehrer sowie die Schülerinnen und Schüler vor ca. hundert Jahren im Unterricht verhalten haben.

a) Schreibt euch aus den beiden Texten von Seite 7 in Stichworten die wichtigsten Verhaltensweisen der Lehrer und Schüler heraus.

b) Ergänzt diese durch die Notizen aus euren Befragungen.

c) Beachtet bei eurem Spiel auch folgende Verhaltensweisen:

- Die Kinder einer Klasse sprachen oft im Chor nach, was der Lehrer ihnen vortrug.
- Wer zu antworten hatte, mußte aufstehen und sich neben die Bank stellen.
- Während des Unterrichts durfte selbstverständlich nicht gelacht werden. (Ihr müßt also sehr ernst bleiben bei eurem Spiel!)
- Der Lehrer saß oft hinter einem „Katheder“, das ist ein Pult, das auf einem Sockel erhöht vor der Klasse stand.

d) Überlegt euch, eine kleine Szene (z.B. aus dem Deutsch- oder Mathematikunterricht), in der ihr das frühere Lehrer- und Schülerverhalten gut aufzeigen könnt.

② Solch ein Rollenspiel läßt sich auch auf einem Elternabend vorführen.

Schule heute

Die Schule hat sich in der Zwischenzeit sehr verändert. Die Verhaltensregeln, die in den beiden Texten von Seite 7 vorgestellt wurden, gibt es heute in den Schulen nicht mehr. Aber es gibt dafür andere.

(1) Überlegt einmal, warum früher so großer Wert auf die Einhaltung solcher Vorschriften für das Verhalten von Schülern gelegt wurde? Was haltet ihr von diesen Regeln?

(2) Welche Regeln bestimmen heute das Verhalten der Schülerinnen und Schüler? Wer legt sie fest? Und was geschieht, wenn gegen die Regeln verstoßen wird?

(3)

Aus einer Schulordnung:

Verhaltensregeln für das Zusammenleben in der Schule

Wenn 500 Menschen in einem Gebäude und mehr als 20 in einem Raum zusammen arbeiten, kann der einzelne nur zu seinem Recht kommen, wenn jeder auch auf andere Rücksicht nimmt. Bei jeder Handlung ist zu überlegen, ob alle anderen gleichzeitig dasselbe tun könnten, ohne daß es zu Störungen, Verletzungen usw. kommt. Lest euch bitte die folgenden Sätze aufmerksam durch, und überdenkt einmal Eure Verhaltensweisen!

1. Laufen auf Fluren und Treppen sowie Drängeln und Schubsen an den Türen haben in unserer Schule schon häufig zu Verletzungen bei beteiligten und unbeteiligten Schülern und zu Beschädigungen geführt. Sie haben unnötige Schmerzen und Kosten verursacht.

2. Lärmen und lautes Schreien in unserem Gebäude belästigen das Trommelfell vieler Unbeteiligter unnötig. Sie stellen immer dann eine Rücksichtslosigkeit dar, wenn sie andere beim Arbeiten behindern.

Was haltet ihr von diesen beiden Punkten der Schulordnung?

(4) Wie wird das Verhalten auf dem Schulhof und in den Fluren in der Schulordnung eurer Schule geregelt?

(5) Was muß eurer Meinung nach in der Schule oder in der Klasse geregelt werden? Was sollte bei Verstößen gegen diese Ordnung geschehen?

(6) Formuliert eine eigene Klassenordnung.

Wie ein Schüler sein soll

WIE EIN SCHÜLER SEIN SOLL

schlau sein wie ein fuchs
geduldig sein wie ein schaf
flink sein wie ein wiesel
fleißig sein wie eine ameise
sanft sein wie ein lamm
wach sein wie ein luchs
klug sein wie eine eule
gläubig sein wie ein kind

Ulrich Zimmermann

① Dieser Text sagt, wie ein Schüler sein soll.
a) Was fällt euch auf, wenn ihr den Text anschaut und lest?
b) Sucht alle Adjektive aus dem Text heraus, mit denen gesagt wird, wie ein Schüler sein soll. Prüft, in welcher Verbindung sie im Text gebraucht werden.
c) Schreibt den Text um.
Wie ein Schüler sein soll: *wie ein schlauer Fuchs …*
d) Was fällt euch an der letzten Zeile des Textes auf? Vergleicht sie mit den anderen Zeilen und auch mit der Überschrift.

② Sicherlich sind viele der Schülerinnen und Schüler in eurer Klasse etwas anderer Meinung darüber, wie ein Schüler sein soll. Schreibt in Gruppen- oder Partnerarbeit einige Punkte dazu auf.

③ Und wie sollten Lehrerinnen und Lehrer heute sein?
a) Auch dazu solltet ihr einige Stichpunkte aufschreiben.

So sollten Schülerinnen/Schüler sein:	So sollten Lehrerinnen/Lehrer sein:
neugierig	*gerecht*

b) Sprecht dann über eure Stichpunkte.

Schule kann auch Spaß machen

Die folgenden Vorschläge sollen euch anregen, den Unterricht und das Leben in der Schule farbiger zu gestalten, z.B. durch das Ausschmücken des Klassenraumes, durch die gemeinsame Suche nach interessanten Unterrichtsthemen oder durch die Vorbereitung und Durchführung eines Elternnachmittags.

Farbe in das Klassenzimmer

Vielleicht gehört ihr auch zu den Schülern, deren Stimmung schon morgens sinkt, wenn sie in einen Klassenraum kommen, der nur aus kahlen Wänden, leeren Fensterbänken und hintereinandergestellten Tischen und Stühlen besteht. Ganz bestimmt fühlt ihr euch wohler, wenn ihr euer Klassenzimmer, in dem ihr ja den halben Tag verbringt, nach eurem Geschmack ausgestaltet. Bevor ihr euch nun daranmacht, euren Klassenraum zu verschönern, müßt ihr zunächst eure Ideen und Vorstellungen zusammentragen.

(1) Heftet euch z.B. mit Tapetenrollen eine Wandzeitung an eine Wand,
auf die alle Schüler und Schülerinnen in den nächsten Tagen
ihre Wünsche und Vorschläge zur Klassenraumgestaltung schreiben können.

(2) Nachdem ihr euch so gegenseitig über eure Wünsche und Vorstellungen
informiert habt, solltet ihr gemeinsam versuchen, in einem Gespräch
die beste Lösung für euren Klassenraum zu finden.
Da es sicher bei einzelnen Punkten unterschiedliche Meinungen geben wird,
können euch vielleicht bei eurer Diskussion die folgenden Hinweise helfen:

- Bildet am besten für eure Diskussion einen Gesprächskreis.
- Bestimmt einen Gesprächsleiter, der die Wortmeldungen aufnimmt und die Reihenfolge der Gesprächsbeiträge bestimmt.
- Hört euren Mitschülerinnen und Mitschülern zu, und laßt sie ausreden.
- Fragt nach, wenn euch etwas unklar ist.
- Haltet die wichtigsten Ergebnisse an der Tafel fest.

Wenn ihr euch auf die Gestaltung eures Raumes geeinigt habt, solltet ihr euch überlegen, welche Vorbereitungen und Arbeiten von allen ausgeführt werden müssen und welche Aufgaben vielleicht von kleinen Gruppen oder von einzelnen übernommen werden können.

Interessante Unterrichtsthemen

Der Spaß an der Schule hängt jedoch nicht nur von Äußerlichkeiten ab, sondern z.B. auch von den Unterrichtsthemen. Viele Dinge müssen in der Schule behandelt werden, weil sie vorgeschrieben sind. Aber es gibt auch noch genug Raum für Themen, die euch vielleicht mehr Spaß machen.

3

Stellt doch einmal durch eine Befragung oder durch eine Wandzeitung fest, welche Dinge ihr im Unterricht gern behandeln würdet, welche Veranstaltungen ihr durchführen wollt usw.

4 Besprecht die vorgeschlagenen Themen, und einigt euch, in welcher Reihenfolge ihr diese behandeln wollt. Überlegt euch dabei Vor- und Nachteile der einzelnen Vorschläge. Die Gesprächsergebnisse sollten für alle sichtbar in der Klasse ausgehängt werden.

5 a) Prüft mit eurem Lehrer, welche verbindlichen Unterrichtsinhalte an euren Themen erarbeitet werden können.
b) Vielleicht sind eure Themen auch gleichzeitig in anderen Fächern zu behandeln? Sprecht auch mit euren Fachlehrern.

Ein Nachmittag für Eltern

Meistens bekommen eure Eltern Schule nur an Elternsprechtagen und bei Elternabenden zu sehen. Holt sie euch doch einmal zu euch, und gestaltet für sie einen unterhaltsamen Nachmittag nach euren Vorstellungen.
An einem derartigen Nachmittag könnt ihr euren Eltern Ergebnisse aus dem Unterricht vorführen. Ihr könnt Bilder aus dem Kunstunterricht, Stücke aus dem Textil- oder Werkunterricht vorstellen und Lieder, Gedichte und Lesetexte vortragen.
Noch mehr Spaß bringt es jedoch, wenn man sich dazu noch ein eigenes „ungewöhnliches" Unterhaltungsprogramm überlegt. Wie wäre es z.B. mit einem Zirkusprogramm?
Wie ihr in eurer Klasse ein Zirkusprogramm gestalten könnt, dazu sollen hier einige Anregungen gegeben werden. In Büchern über Schülerzirkus, in Zauberbüchern und vielleicht auch in eurem Lesebuch findet ihr sicherlich noch weitere Ideen, die euch bei der Verwirklichung eures Projektes helfen können.
Die einzelnen „Nummern" eures Programms solltet ihr in kleinen Gruppen zuerst vorbereiten und dann der Klasse probeweise vorspielen. Dabei spielen die Sprache, das deutliche Sprechen, die Mimik und die Gebärden eine ganz wichtige Rolle.

Die Raubtierdressur

Raubtierdressuren könnt ihr mit ganz verschiedenen Tieren durchführen, je nachdem, welche Kostüme ihr auftreiben könnt: Tiger, Panther, Maus, Ochse (es kommt nicht darauf an, daß alle Tiere Raubtiere sind). Natürlich braucht ihr auch einen Dompteur oder eine Dompteuse. Und was können diese Tiere tun?

- Von Kasten zu Kasten springen,
- durch einen Reifen springen,
- durch einen mit Papier bespannten Reifen springen,
- übereinander hinwegspringen, untereinander hindurchlaufen,
- Männchen machen, sich wälzen, auf den Händen stehen,
- aufeinander reiten.

Wichtig ist, daß dabei immer die Peitsche des Dompteurs schön knallt.

Der Affe auf dem Fahrrad

Dazu braucht ihr einen als Affen verkleideten Schüler und die berühmte Tarantella, die den Affen dressiert hat. Das wichtigste sind die Affenbewegungen: lange Schlenkerarme, Kratzen am Kopf, durchgebeugte Knie. So kommt der Affe herein. Tarantella läßt ihn zuerst auf einem normalen Fahrrad fahren, dann auf einem Kinderrad, dann auf einem Roller und einem ganz kleinen Dreirad. Der Affe kurvt wie wild in der Manege herum, und vielleicht kann er auch auf den Rädern einige Kunststückchen machen. Nach jeder Nummer rennt er zu Tarantella hin und läßt sich von ihr streicheln.

Die Schlangenbeschwörerin

Hierzu braucht man als Requisiten: einen Korb, der mit einem schönen Tuch bedeckt ist, eine Schlange (aus einem Strumpf oder einem dicken Seil) mit einem unsichtbaren Faden am Kopf, eine Flöte, ein Kissen und einen Schleier für die Künstlerin.
Die Schlangenbeschwörerin sitzt im Schneidersitz vor ihrem Korb. Sie spielt mit der einen Hand hohe, piepsige Töne auf ihrer Flöte. (Es ist auch möglich, daß die Flöte von einer zweiten Spielerin gespielt wird.) Die Schlangenbeschwörerin macht mit der anderen Hand große, geheimnisvolle Bewegungen. In dieser Hand hält sie auch den unsichtbaren Faden, mit dem sie die Schlange immer weiter aus ihrem Korb herauszieht. Da der Faden sich immer mehr um ihr Handgelenk oder ihren Finger wickelt, kommt die Schlange immer weiter heraus, bis sie ganz aufrecht steht. Sie kann sich sogar um ihren Hals wickeln.
Ein besonders lustiger Abgang ist folgender: Wenn die Schlange ganz weit aus dem Korb herausgekommen ist, kriegt es die Schlangenbeschwörerin plötzlich mit der Angst zu tun. Sie springt auf und rennt davon. Die Schlange an ihrem Faden verfolgt sie. Und da der Schwanz der Schlange auch noch am Korbboden festgebunden ist, verfolgt auch der Korb die Künstlerin. Sie rennt in der Manege herum und bläst auf ihrer Flöte immer höhere Töne – und verschwindet hinter dem Vorhang.

Sprechen aus einer bestimmten Rolle

Christoph will den Zirkusdirektor spielen. „Du?“ lacht Kati. „Wie willst du das denn machen?“ Christoph antwortet: „Ich sage einfach:

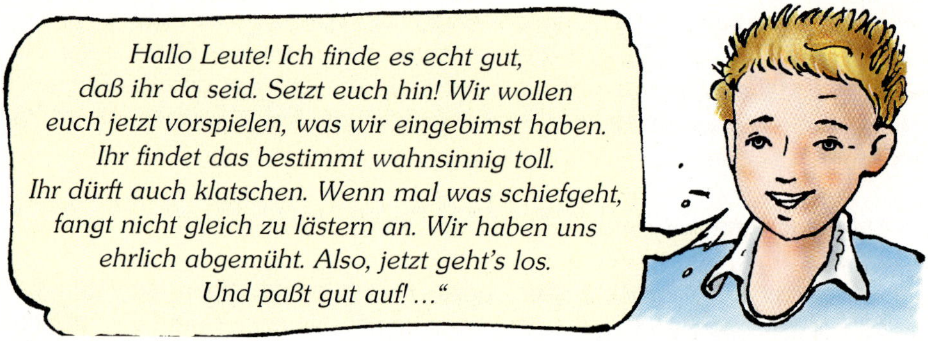

„Das geht doch nicht“, widerspricht Kati, „das muß man so machen:

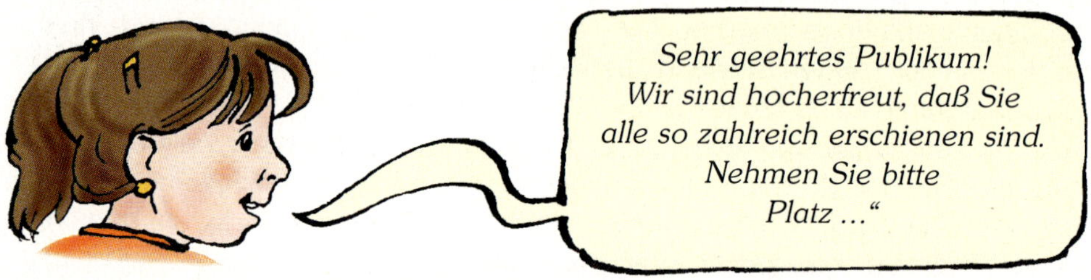

(1) Welche gemeinsame Absicht verbinden Christoph und Kati mit ihrer Rede?

(2) Welche der beiden Möglichkeiten, ein Publikum anzusprechen, scheint euch angemessen? Berücksichtigt bei euren Überlegungen, daß hier in der Rolle des Zirkusdirektors gesprochen werden soll.

(3) Wie wirken die Reden von Christoph und von Kati wohl
a) auf die Mitschüler,
b) auf die Eltern und Lehrer?

(4) In welcher Situation wäre die Begrüßung von Christoph angemessen?

Wie wir reden, hängt von der Situation ab, in der wir sprechen. Dabei ist die Situation bestimmt durch die Rolle, die wir einnehmen, und von den Zuhörern, zu denen wir sprechen.
Wie wir sprechen, ist immer auch abhängig davon, in **welcher Absicht** wir **mit wem** reden.

(5) Das Sprechen aus einer bestimmten Rolle heraus will geübt sein. Macht euch, am besten in Gruppen, einmal Notizen, wie ihr als Zirkusdirektor die Gäste begrüßen würdet.

(6) Übt das Sprechen in dieser Rolle gut ein. Denkt daran: Ihr müßt laut und deutlich, vielleicht sogar etwas übertrieben sprechen.

(7) Auch die Ansagen zu den einzelnen Zirkusnummern müssen geübt werden. Versucht einmal Ansagen zu verfassen und dann auch zu sprechen, mit denen ihr die „Raubtierdressur" und die „Schlangenbeschwörerin" ankündigt.

(8) Nehmt die Rolle der Assistentin eines berühmten Zauberers ein, den ihr dem Publikum vorstellen wollt:
Verehrte Damen, verehrte Herren! Der Künstler, den ich Ihnen jetzt ansagen will, ist auf der ganzen Welt berühmt ...

(9) Wie sprechen Fernsehansagerinnen, wenn sie ein bestimmtes Programm ankündigen?
a) Unterscheiden sich die Ansagen, wenn sich das Programm z.B. an Kinder, an Jugendliche, an Frauen oder an Sportfans wendet?
b) Spielt selbst einmal die Rolle einer Fernsehansagerin, und tragt ein Programm eurer Wahl (z.B. aus einer Programmzeitschrift) vor.

Einladungen schreiben

Auch wenn ihr das Zirkusfest nicht durchführen könnt, lohnt es sich, einmal eine Einladung für ein solches Fest zu schreiben.

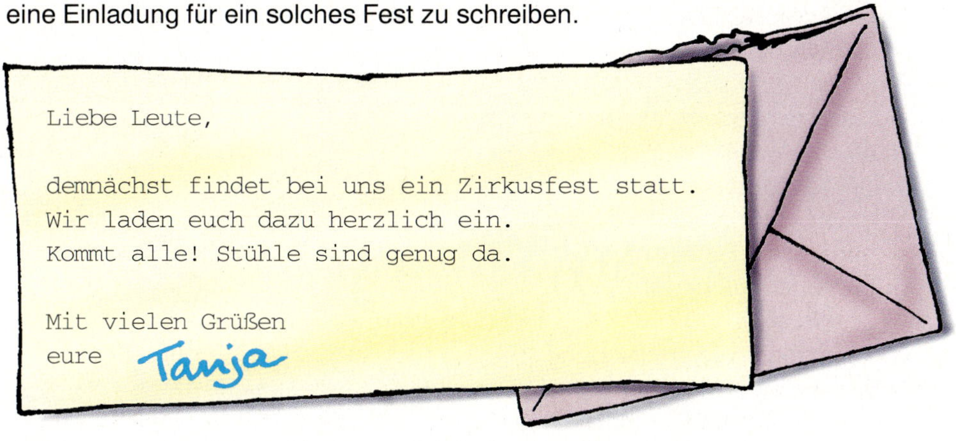
Liebe Leute,

demnächst findet bei uns ein Zirkusfest statt.
Wir laden euch dazu herzlich ein.
Kommt alle! Stühle sind genug da.

Mit vielen Grüßen
eure Tanja

(1) Welche Angaben fehlen in diesem Brief, die aber für jede Einladung ganz wichtig sind?

② Durch eine Einladung will man für eine Veranstaltung werben. Es kommt also auf den „richtigen Ton“ an, der die Adressaten auch anspricht.
Überlegt einmal:
- An wen könnte man so wie in unserem Brief auf Seite 17 schreiben?
- An wen dürfte man so sicher nicht schreiben?
- Kann man an jede Art von Adressaten die gleiche Einladung schreiben?

③ Ihr wißt: In Briefen werden Anredepronomen groß geschrieben.
In unserem Beispiel wird zweimal gegen diese Regel verstoßen.

④ Entwickelt eine eigene Einladung für ein Zirkusfest.
a) Notiert euch dazu in Stichworten:
   - die Anrede,
   - Zeit und Ort der Veranstaltung,
   - Art der Veranstaltung (Thema, Anlaß),
   - Hinweise zum Programmablauf,
   - Angaben über die Einladenden.
b) Überlegt, wie ihr eure Gäste ansprechen wollt: feierlich, distanziert, locker, mit persönlicher Note ...
c) Schreibt einen Entwurf, und überprüft, ob er alle wichtigen Angaben enthält.
d) Wenn ihr eure Einladung als Brief gestalten wollt, berücksichtigt folgende Hinweise:
   - Laßt an allen Seiten einen Rand von drei Zentimeter.
   - Der Briefkopf enthält den Absender, die Orts- und Datumsangabe und die Adresse.
   - Ihr schreibt immer vom linken Rand aus.
   - Laßt nach jedem Absatz eine Leerzeile.
   - Anredepronomen werden groß geschrieben.
   - Vergeßt am Schluß nicht den Briefgruß und die Unterschrift.
e) Ihr könnt eine solche Einladung auch mit Zeichnungen versehen, die zum Anlaß der Einladung passen.

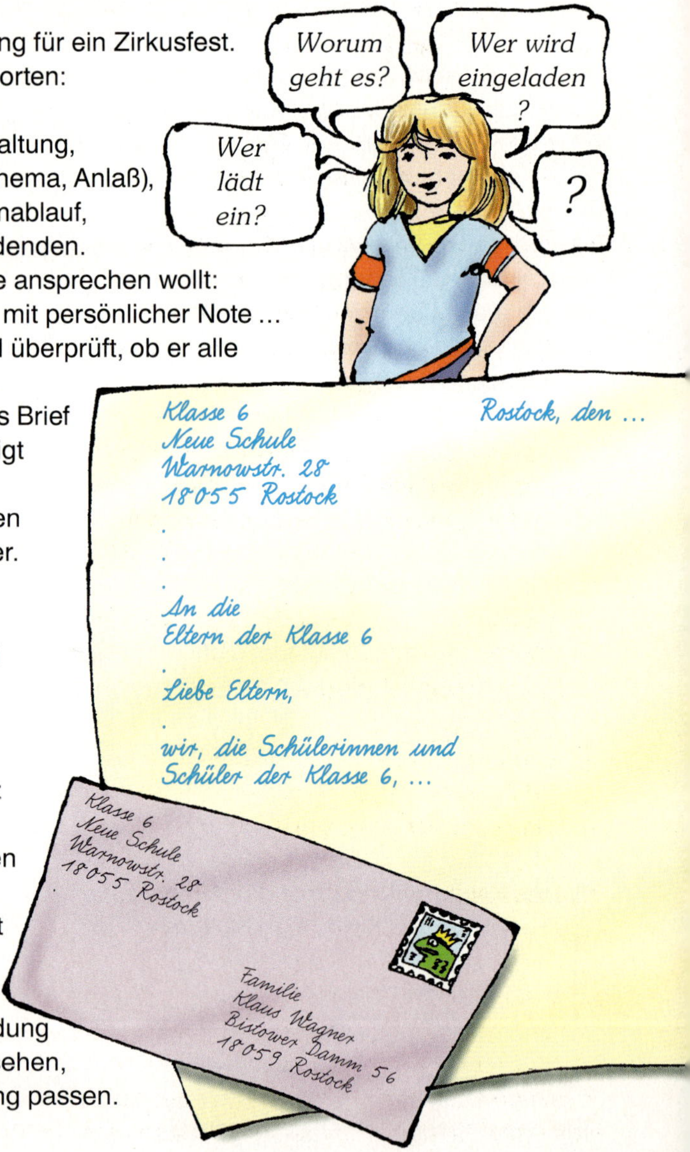

S2 Vorlesewettbewerb

Im 6. Schuljahr finden in sehr vielen Schulen Lesewettbewerbe statt. Die Klassensieger und Schulsieger werden ermittelt. Dann messen sich die Schulsieger der verschiedenen Schulen, und wer sehr gut ist, kann sogar Landessiegerin oder Landessieger werden.
Ein richtiger Wettkampf im Lesen also!
Wenn ihr an solch einem Vorlesewettbewerb teilnehmen wollt, müßt ihr folgendes tun:

- Ihr wählt euch ein Kinder- oder Jugendbuch aus. Dieses Buch müßt ihr sehr genau kennen.
- Ihr lest dann aus diesem Buch drei bis fünf Minuten lang eine Textstelle vor.
- Damit jeder die Stelle in ihrem Zusammenhang versteht, müßt ihr kurz berichten, was in dem Buch vorher und nachher geschieht.
- Auch Fragen zum Inhalt des Buches müßt ihr beantworten können.

Diejenigen, die euch beurteilen, erwarten von euch natürlich, daß ihr gut vorlesen könnt. Und was heißt das?

- Ihr müßt mit deutlicher Aussprache vorlesen.
- Wichtig ist, daß ihr nicht zu schnell oder zu langsam lest.
- Ihr müßt sinngemäß betonen.
- Es kommt darauf an, daß ihr die Stimmung der Textstelle (spannend, traurig, lustig oder ängstlich) angemessen wiedergeben könnt.
- Ihr dürft beim Vorlesen nicht am Text „kleben", sondern müßt eure Zuhörer hin und wieder anschauen und zu ihnen Kontakt aufnehmen. Das gute Vorlesen soll auch unterhaltsam sein!

Dieses Kapitel will euch für die Vorbereitung auf den Vorlesewettbewerb einige Hilfen geben. Auf den folgenden Doppelseiten wird auf der linken Seite erklärt, worauf man beim Vorlesen achten muß; auf der rechten Seite findet ihr Auszüge aus dem Buch *Ronja Räubertochter* von Astrid Lindgren, an denen ihr diese Tips ausprobieren könnt.

Richtig betonen

Richtig betonen, das heißt „sinngemäß" betonen! Was „sinngemäß" ist, das hängt immer vom Zusammenhang ab.

(1) Auf die folgenden Fragen werden Antworten gegeben.
Die Antworten sind immer gleich – aber die Fragen sind andere.
Deswegen werden in den Antworten auch unterschiedliche Wörter betont.
Probiert das einmal aus:

Was ziehst du heute an?	Ich ziehe den roten Pulli an.
Ziehst du den grünen Pulli an?	Ich ziehe den roten Pulli an!
Was willst du denn tun?	Ich springe über den Bach.
Wie willst du denn über den Bach kommen?	Ich springe über den Bach.
Was möchtest du gern?	Ich möchte ein Brötchen mit Wurst.
Möchtest du ein Brötchen mit Käse?	Ich möchte ein Brötchen mit Wurst.
Wer möchte ein Wurstbrötchen?	Ich möchte ein Brötchen mit Wurst!

(2) Etwas sinngemäß betonen, das kann man beim allerersten Vorlesen nicht.
Dazu muß man sich einen Text sehr genau ansehen. Auch ein Nachrichtensprecher oder eine Nachrichtensprecherin im Fernsehen müssen das tun.
Um den Text richtig vorlesen zu können, machen sie sich Zeichen in den Text, **Betonungszeichen**.
Und so sieht etwa ein solcher Nachrichtentext aus.
Lest ihn euch erst leise durch, und tragt ihn dann laut vor.

Uralt-Buche

Eine der ältesten Buchen ist die „Bavaria-Buche"
bei Eichstätt. Sie ist ein sogenannter Hutungsbaum,
der Schatten für die Tiere auf der Weide spenden sollte
und deshalb nie gefällt wurde.
Vor kurzem wurde ihr Stamm mit Beton ausgespritzt,
um sie vor Krankheit zu bewahren.
Die Buche soll jetzt vor Menschen geschützt werden,
die in ihren Ästen herumklettern oder sogar
ihre Wurzeln beschädigen.

Eine gute Hilfe ist, wenn ihr alle Wörter, die ihr mit eurer Stimme hervorheben wollt, beim Einüben eines Textes unterstreicht. Da muß man manchmal gut überlegen, was eigentlich betont werden soll.

③ Lest die folgende Stelle aus Astrid Lindgrens *Ronja Räubertochter* auf zwei unterschiedliche Weisen vor, je nachdem, wie die Wörter unterstrichen sind.

A

Sie war schon oft beim Höllenschlund gewesen, aber noch nie dem gefährlichen Abgrund nahe gekommen, der sich dort jäh und ohne schützende Mauerkrone auftat. Jetzt kroch sie auf dem Bauch bis zum Rand vor und äugte hinab in die Tiefe. Hu, das war grausiger, als sie gedacht hatte!

B

Sie war schon oft beim Höllenschlund gewesen, aber noch nie dem gefährlichen Abgrund nahe gekommen, der sich dort jäh und ohne schützende Mauerkrone auftat. Jetzt kroch sie auf dem Bauch bis zum Rand vor und äugte hinab in die Tiefe. Hu, das war grausiger, als sie gedacht hatte.

④ Begründet, welche Art der Betonung euch besser gefällt.

⑤ Macht eine solche Betonungsprobe auch mit den folgenden Sätzen, die an diese Textstelle anschließen.
Da ihr nicht in das Buch schreiben dürft, laßt euch den Text kopieren, oder unterstreicht auf einer Folie die Wörter, die ihr betonen wollt.

C

Sie griff nach einem der losen Steine, die dort am Rand lagen, und ließ ihn hinabfallen. Und als sie dann den Aufschlag tief unten hörte, schauderte ihr. Es klang so dumpf und klaftertief, ja, dies war wirklich ein Schlund, vor dem man sich hüten mußte!

⑥ Vergleicht eure Lesefassungen! Sicher gibt es Unterschiede in der Art der Betonung. Manchmal kann man auch auf verschiedene Weise angemessen betonen; doch manchmal ist auch eine Lesefassung weniger überzeugend als eine andere.

⑦ Lest jetzt die beiden Abschnitte vor: erst die Fassung **B**, dann eure eigene Fassung von **C**.

Lesepausen machen

Pausen sind für das Vorlesen wichtig. Leider kann man die Lesepausen nicht immer an den Kommas erkennen. Natürlich macht man auch nicht am Ende einer Zeile eine Pause – selbst bei Gedichten nicht immer. Deswegen ist es wichtig, die Pausen in den Text einzutragen. Am besten ist, ihr macht bei einer kurzen Atempause einen kleinen Strich (/).

① Lest den folgenden Gedichtanfang mit den eingezeichneten Pausen und Betonungszeichen vor:

Hund und Katze
Wilhelm Busch

1) Miezel, / eine schlaue Katze, /
Molli, / ein begabter Hund, /
Wohnhaft an demselben Platze, /
Haßten sich aus Herzensgrund. /

2) Schon der Ausdruck ihrer Mienen
Bei gesträubter Haarfrisur /
Zeigte deutlich: / Zwischen ihnen
Ist von Liebe / keine Spur. /

3) Doch wenn Miezel in dem Baume, /
Wo sie meistens hin entwich, /
Friedlich dasitzt / wie im Traume,
Dann ist Molli außer sich. /

4) Beide lebten in der Scheune, /
die gefüllt / mit frischem Heu.
Alle beide hatten Kleine, /
Molli zwei / und Miezel drei. /

② Bearbeitet nun auch die letzten vier Strophen dieses Gedichtes, indem ihr Pausen- und Betonungszeichen einsetzt. Das dürft ihr nicht im Buch tun, sondern ihr müßt dazu die Verse abschreiben, fotokopieren oder mit einer Folie arbeiten.

5) Einst zur Jagd ging Miezel wieder
Auf das Feld. Da geht es bumm.
Der Herr Förster schoß sie nieder.
Ihre Lebenszeit ist um.

6) Oh, wie jämmerlich miauen
Die drei Kinderchen daheim.
Molli eilt, sie zu beschauen,
Und ihr Herz geht aus dem Leim.

7) Und sie trägt sie kurz entschlossen
Zu der eignen Lagerstatt,
Wo sie nunmehr fünf Genossen
An der Brust zu Gaste hat.

8) Mensch, mit traurigem Gesichte,
Sprich nicht nur von Leid und Streit!
Selbst in Brehms Naturgeschichte
Findet sich Barmherzigkeit.

Wichtig ist auch, daß ihr euch Zeit laßt beim Lesen. Die folgende Stelle im Buch von Astrid Lindgren ist so spannend, daß man nicht zu schnell darüberhinlesen darf.

(3) In dem Text im Kasten findet ihr neben den Unterstreichungen auch Pausenzeichen (/). Lest beide Fassungen vor, und beachtet die Pausen. Welche Fassung gefällt euch besser?

D

Aber so besonders breit / war die Kluft, / die die beiden Burghälften trennte, / eigentlich nicht. / Mit einem tüchtigen Sprung / müßte man wohl hinüberkommen. / Doch so verrückt / war wohl keiner! / Nein, / vielleicht wäre es aber trotzdem gerade die richtige Art, / sich wie gewohnt zu hüten / und / zu üben. /

E

Aber so besonders breit war die Kluft, / die die beiden Burghälften trennte, / eigentlich nicht. / Mit einem tüchtigen Sprung / müßte man wohl hinüberkommen. / Doch so verrückt war wohl keiner! / Nein, / vielleicht wäre es aber trotzdem gerade die richtige Art, / sich wie gewohnt zu hüten / und zu üben. /

(4) Ihr seht: Kommas geben euch wichtige Hilfen für das Setzen von Pausenzeichen. Aber sie reichen nicht aus. Kurze Lesepausen macht man viel öfter, als Kommas stehen.

(5) Bereitet nun den letzten Teil dieses Abschnittes aus *Ronja Räubertochter* für das Vorlesen vor. Unterstreicht die Betonungswörter, und setzt die Pausenzeichen. (Legt eine Folie über den Text, oder kopiert ihn!)

F

Wieder spähte sie in die Kluft hinab, hu, welche Tiefe! Dann sah sie sich um, um festzustellen, von wo aus man den Sprung am besten wagen konnte. Und da sah sie etwas. Vor lauter Verblüffung wäre sie fast in den Höllenschlund gefallen.

Ein wenig entfernt, jenseits der Kluft saß jemand. Jemand, der etwa so groß war wie sie selber, und er baumelte mit den Beinen über dem Höllenschlund…

Noch hatte er sie nicht entdeckt. Ronja schaute ihn sich an, wie er dort saß, und sie lachte leise, weil es ihn gab.

Die Stimmung wiedergeben

Jeder Text enthält eine eigene Stimmung: manche Stellen sind geheimnisvoll, manche spannend, manche lustig und fröhlich, andere ängstlich oder traurig. Diese Stimmungen durch das Vorlesen wiederzugeben, ist gar nicht so einfach.

(1) In welchen Stimmungen könnt ihr die folgenden Verse wiedergeben? Versucht einmal, die Unterschiede beim Vorlesen deutlich zu machen.

Umulox und Flotterlucht,
unterm Broch schluchzt eine Gucht.
Zorgt und murkt und schluttert mich.
Uh! Was ist das gruselig!

Kinnemax und Ratzeflitt
teppten in den Timmelpitt.
Als sie wieder rausgekrichen,
hielten sie den Böch vor Lichen.

(2) Das folgende Gedicht kann man auf sehr verschiedene Weise lesen. Versucht es einmal leise und geheimnisvoll, dann laut und übermütig, dann ängstlich und zitternd – und dann witzig und mit Lachen in der Stimme.

Offgetürnt und furtgewockelt,
abgemickert, hingetockelt.
Nun noch eine wilze Tröse,
eine Zühme, eine Schöse.
Plützlich Zaudertur und Schumms –
da sommt mancher einen Flumms!

(3) In manchen Texten gibt es einen Übergang von einer Stimmung in eine andere; solche Übergänge kann man durch die Stimme auch deutlich machen. Versucht das einmal mit den beiden ersten Strophen des folgenden Gedichts von Siegfried von Vegesack:

Noch bläst der Wind von Böhmen her,
von Grönland und vom Weißen Meer.
Die Wolken gehen tief und schwer
voll Schnee –
soso!

Doch plötzlich sind die Stare da,
Die schwatzen, lachen laut: Haha,
der Frühling kommt! Er ist ganz nah!
Hehe! Hurra!
Hoho!

④ Auch in *Ronja Räubertochter* gibt es solche Übergänge von einer Stimmung in die andere. Hier ist ein Absatz aus einer anderen Stelle aus Astrid Lindgrens Buch.

a) Lest den Abschnitt **G** in Ruhe durch.
b) Worin unterscheiden sich der erste und der zweite Absatz?
c) Was empfindet Ronja?
d) Versucht die Stimmungsunterschiede durch Sprechen deutlich zu machen.

G

Dann kam der Abend. Die Sonne sank, und die Dämmerung zog herauf. Es war die Dämmerung des Frühlingsabends, die selbst unter den Bäumen nur ein wunderliches Zwielicht blieb und nie zu Dunkelheit und Nacht wurde. Es wurde still im Wald. Amsel und Kuckuck schwiegen. Alle jungen Füchse und Kaninchen krochen in ihren Bau, alle Eichhörnchen in ihr Nest, das Kreuzotterweibchen unter seinen Stein. Nichts war zu hören außer den klagenden Rufen des Uhus aus der Ferne, und bald verstummte auch er.

Der ganze Wald schien zu schlafen. Doch kurz darauf erwachte er langsam zu seinem Dämmerungsleben. Alle Wesen der Dämmerung, die dort hausten, begannen sich zu rühren. Es raschelte und krabbelte und trippelte im Moos. Rumpelwichte schlurften zwischen den Bäumen. Zottige Dunkeltrolle krochen hinter den Steinen hervor, und Graugnomen kamen zuhauf aus ihren Schlupfwinkeln gehuscht und fauchten, um alle zu erschrecken, die ihren Weg kreuzten. Und von den Bergen heruntergeschwebt, kamen die wilden Druden, die grausamsten und wütigsten aller Dämmerungswesen des Waldes, sie waren so schwarz vor dem hellen Frühlingshimmel. Ronja sah sie, und es gefiel ihr gar nicht.

„Hier ist mehr unheimliches Gelichter unterwegs, als mir lieb ist! Und jetzt will ich nach Hause, triefnaß und durchgewalkt, wie ich bin!"

⑤ Auch der Auszug **F** aus *Ronja Räubertochter* auf Seite 21
muß in der richtigen Stimmung wiedergegeben werden.
Ronja ist etwas ängstlich – aber auch mutig.
Und sie ist zunächst sehr gespannt, was da alles passiert.
Im ersten Absatz schlägt aber die Stimmung um.
Auf einmal wird sie hellwach und neugierig.
Versucht einmal, beim Vorlesen des vorletzten Absatzes darauf zu achten,
daß ihr Ronjas „Verblüffung" auch durch eure Stimme wiedergebt.
Ihr müßt das aber nicht schauspielerisch übertreiben!
Aber es sollte doch deutlich werden,
daß sich etwas Neues ankündigt.

Dialoge sprechen

Bei Dialogen sprechen immer mehrere. Sie sprechen miteinander oder gegeneinander, sie reden aufeinander ein. Der eine bezieht sich immer auf den anderen. Und das muß man beim Vorlesen deutlich machen.

① a) Lest den folgenden Dialog zunächst mit verteilten Rollen vor; dann lesen ihn einzelne alleine!
b) Im zweiten Teil müßt ihr die Betonungszeichen selbst finden.

Lotti:	Du kannst mich mal!
Pitt:	Du mich auch!
Lotti:	Mit dir spiele ich nicht mehr.
Pitt:	Und ich mit dir schon gar nicht!
Lotti:	Warum lachst du auch immer so komisch!
Pitt:	Und du – du meckerst doch nur!
Lotti:	Ich meckere nie.
Pitt:	Doch! Immer meckerst du!
Anne:	Was habt ihr denn?
Lotti:	Pitt fängt immer Streit an.
Pitt:	Nein, Lotti hat angefangen!
Lotti:	Das stimmt aber gar nicht!
Anne:	Wer anfängt, das ist nicht wichtig. Wer aufhört, ist Sieger!

② Das folgende Gedicht besteht aus einem Zwiegespräch.
Da die Zuhörer nicht immer wissen können, wer hier gerade spricht, muß man es ihnen mit der Stimme deutlich machen.
Wie spricht der stolze Hahn? Und wie das freche Huhn?

Zwiegespräch
Gustav Falke

„Guten Morgen, Fräulein Huhn!“
„Guten Morgen, Herr Hahn!“
„Was gedenken Sie zu tun?“
„Das geht Sie nichts an.“
„Wollen wir nicht etwas promenieren?“
„Danke, ich kann allein spazieren.“
„Sie haben wohl heute nicht gut geruht?
Oder macht's Ihnen böses Blut,
daß Sie noch keinen Regenwurm fanden?“
„Offen gestanden,
ich finde, Sie sind sehr aufdringlich Sie!“
„Dumme Gans, kikeriki!”

③ Hier ist eine Dialogstelle aus *Ronja Räubertochter.* Macht beim Vorlesen deutlich, wann Ronja redet und wann Birk spricht.
Wichtig dabei ist, daß ihr die wörtlichen Reden von dem übrigen Erzähltext mit eurer Stimme unterscheidet!

H

Da sah er sie und lachte auch. „Ich weiß, wer du bist", sagte er. „Du bist die Räubertochter, die immer im Wald rumrennt. Ich hab' dich da mal gesehen."
„Wer bist du denn?" fragte Ronja. „Und wie um alles in der Welt bist du hierhergekommen?"
„Ich bin Birk Borkasohn, und ich wohne hier. Wir sind heute nacht hier eingezogen."
Ronja starrte ihn an. „Wer wir?"
„Borka und Undis und ich und unsere zwölf Räuber."
Es dauerte eine Weile, bis sie das Unerhörte begriff, das er da gesagt hatte. Schließlich sagte sie: „Willst du etwa behaupten, daß die ganze Nordburg voller Hosenschisser ist?"
Er lachte. „Nein, hier gibt es nur rechtschaffene Borkaräuber. Aber da drüben, wo du wohnst, da ist es knüppelvoll von Hosenschissern, das hat man ja immer gehört."
So, also das hatte man immer gehört! Was für eine unglaubliche Unverschämtheit! Es begann in ihr zu kochen. Aber es sollte noch schlimmer kommen.

④ Wenn ihr die Redestellen von Ronja und Birk und den Erzähltext beim Vorlesen schon gut voneinander abheben könnt, dann achtet noch auf folgendes:

a) Ronja und Birk ziehen am Schluß dieses Absatzes ein bißchen übereinander her. Das sollte man durch die Lautstärke hervorheben.
b) Ganz am Schluß wird Ronja richtig wütend. Doch sie spricht nicht, sondern sie denkt nur. Und was sie denkt, muß wieder etwas anders gesprochen werden.

⑤ Wenn ihr nun am Schluß die Stellen **B, C, E, F, G** und **H** aus *Ronja Räubertochter* noch einmal laut vorlest, solltet ihr auf die Uhr schauen. Wie lange brauchen die einzelnen Leser dafür? Ihr müßt nämlich beachten:
Bei einem Vorlesewettbewerb ist die Zeit auf drei bis fünf Minuten begrenzt!

⑥ Lest den Text jetzt so oft, bis ihr beim Vorlesen hin und wieder auch eure Zuhörer anschauen könnt.
Nicht die Nase ins Buch stecken, sondern Kontakt aufnehmen.
Vorlesen sollte ein bißchen wie richtiges Erzählen sein!

S3 Eine Geschichte nacherzählen, neu erzählen und szenisch gestalten

Nacherzählen einer alten Eulenspiegelgeschichte

Die Eulenspiegelgeschichten sind um das Jahr 1515 entstanden. Sie sind also weit über 450 Jahre alt. Erzählt wurden sie von dem Braunschweiger Stadtschreiber Hermann Bote. Die Sprache, in der er sie aufschrieb, können wir heute kaum noch verstehen. Das wird euch deutlich, wenn ihr die Einführung zur neunten Geschichte in der Originalfassung von Hermann Bote lest:

Die neund Historie sagt,
wie Ulenspiegel in einen
Immenstock krouch unnd zwen
bei Nacht kamen unnd den Immenstock
wolten stelen, unnd wie
er macht,
das sich die zwen raufften
und ließen den Immenstock fallen.

(1) a) Was könnt ihr verstehen? Was bleibt euch unverständlich?
b) Wie sieht es mit der Rechtschreibung von damals aus?
c) Versucht den Text in der Sprache unserer Zeit wiederzugeben.

(2) Weil man diese Sprache heute kaum noch versteht, sind die Geschichten immer wieder nacherzählt worden. Im folgenden haben wir eine Nacherzählung dieser bekannten Eulenspiegelgeschichte abgedruckt. Woran erkennt man sehr deutlich, daß auch diese Nacherzählung recht alt ist?

Eine Nacherzählung der neunten Geschichte aus früherer Zeit:

Es begab sich, daß Ulenspiegel mit seiner Mutter in ein Dorf auf die Kirchweih ging. Und Ulenspiegel trank, bis er betrunken war, und suchte eine Stelle, da er schlafen konnt und ihn niemand störte. Also fand er hinten in dem Hof einen Haufen Immenstöcke, und dabei lagen viele, die leer waren. Also kroch er in einen leeren Stock und schlief von Mittag an, bis daß es schier Mitternacht ward. Und seine Mutter meinte, er wäre wieder nach Hause gegangen, da sie ihn nirgends konnte sehen.

In derselben Nacht kamen zwei Diebe und wollten einen Immenstock stehlen und sprachen da zusammen: „Ich hab gehört, welcher der schwerste Immenstock ist, der ist der beste." Also hoben sie die Körbe auf, je einen nach dem andern, und sie kamen zu dem Korb, da Ulenspiegel drin lag, der war der schwerste. Da sprachen sie: „Das ist der beste Korb." Und sie nahmen ihn auf die Nacken und trugen ihn von dannen.

Da erwacht Ulenspiegel, und es war ganz finster, daß einer den andern kaum sehen mochte. Also greift Ulenspiegel aus dem Stock und greift dem Vordersten bei dem Haar und gab ihm einen guten Rupf. Der war aber zornig auf den Hintersten und meinte, er hätt ihn also bei dem Haar gezogen, und fluchte. Der Hinterste sprach: „Träumt dir oder gehst du im Schlaf? Wie sollt ich dich bei dem Haar rupfen, ich kann doch kaum den Immenstock mit meinen Händen halten!"

Ulenspiegel lachte und dachte: „Das Spiel will recht gut werden!" und wartete, bis sie eine Ackerlänge gegangen waren. Da gibt er dem Hintersten auch einen guten Rupf bei dem Haar, daß der sich das Gesicht verzog. Der wurde da noch mehr zornig und sprach: „Ich gehe und trag, daß mir der Hals kracht, und du sprichst, ich zieh dich bei dem Haar! Und dabei zuchst du mich bei dem Haar, daß mir die Schwarte platzt!" Der Vorderste, der sprach: „Du lügst dir den Hals voll! Wie sollt ich dich bei dem Haar ziehen, ich kann doch kaum den Weg vor mir sehen. Und es ist wahr. Du hast mich bei dem Haar gezogen!" Und sie gingen also zankend und streitend mit dem Immenstock voreinander her.

Nicht lang danach, da sie am größten Zanken waren, so zieht Ulenspiegel den Vordersten noch einmal, daß dem der Kopf an den Immenstock schlug. Da ward der so zornig, daß er den Immenstock fallen ließ und schlug dem Hintersten blindlings mit den Füßen nach dem Kopf. Der Hinterste ließ den Immenstock auch fallen und fiel dem Vordersten in das Haar, also daß sie übereinanderdummelten. Und einer verließ den andern und wußte nicht, wo der andere geblieben war, und verloren sich also im Finstern und ließen den Immenstock liegen. Also lugte Ulenspiegel aus dem Korb, und da er sah, daß es noch finster war, da schlief er wieder ein und blieb liegen, bis es heller Tag ward.

③ Welche Ausdrücke in dieser Geschichte sind euch fremd?
Welche Redewendungen versteht ihr nicht richtig?

④ Heute würde diese Geschichte ganz anders geschrieben.
Wir würden manchmal andere Wörter wählen; wir würden die Sätze etwas anders aufbauen; und wir würden sicher auch in den wörtlichen Reden andere Ausdrücke verwenden.
Erzählt die Geschichte so nach, daß ein Leser aus unserer Zeit sie anschaulich und lustig finden kann.
So könnt ihr verfahren:

- Bildet Gruppen. Die Geschichte ist in Abschnitte untergliedert. Nehmt euch in einer Gruppe jeweils zwei oder drei Sätze vor, und erzählt sie so, wie wir heute sprechen und schreiben.
- Lest dann einer nach dem anderen vor, was ihr geschrieben habt, und achtet darauf, ob es zueinander paßt.
- Vergleicht eure Nacherzählungen.

Welche Formulierungen sind besonders anschaulich und witzig gelungen?

Wenn ihr nun die gesamte Geschichte als Nacherzählung schreiben wollt, solltet ihr auf folgendes achten:

- Ihr solltet in eurer eigenen Sprache schreiben: so wie man heute eine spannende Geschichte gern hört.
- Schreibt in der Vergangenheitsform, im *Präteritum* also. Aber an besonders spannenden Stellen könnt ihr auch das *Präsens* verwenden.
- Im Ausgangstext kommt sehr häufig das Wörtchen *also* vor. Hier solltet ihr auf abwechslungsreiche Satzverbindungen achten:
  dann, danach, plötzlich, nun, da, auf einmal, also, jetzt ...
- Auch Wörter des Wortfeldes *sagen* werden häufig gebraucht, da die Diebe ja miteinander sprechen:
  zanken, schreien, keifen, fluchen, rufen, reden, flüstern ...
- Wichtig sind die wörtlichen Reden. Sie machen eure Nacherzählung lebendig. In den wörtlichen Reden könnt ihr schreiben, „wie euch der Schnabel gewachsen ist“.
- Ihr müßt statt der „alten“ Wörter hier und da Wörter unserer Zeit benutzen:
  Kirchweih – Jahrmarkt;
  Immenstock – Bienenstock;
  schier – fast;
  übereinanderdummeln – aufeinanderpurzeln ...
- Manche Redewendungen müßte man wohl auch heute anders ausdrücken:
  ... gab ihm einen guten Rupf; ... daß mir der Hals kracht;
  ... daß mir die Schwarte platzt; ... du lügst dir den Hals voll ...
  Laßt euch etwas einfallen!
- Woran ihr noch denken solltet: Die Geschichte ist ja recht komisch. Also solltet ihr sie auch so lustig wie möglich schreiben!

Eine Eulenspiegelgeschichte umerzählen – aus anderer Perspektive erzählen

Das ist die 29. Geschichte aus dem Eulenspiegelbuch. Lest sie euch genau durch.

Wie Eulenspiegel einen Esel das Lesen lehrte

Eulenspiegel kam auf seinem Weg in die Stadt Erfurt. Es hatte sich aber schon herumgesprochen, daß er sich in Prag als Gelehrter ausgegeben und daß er dort alle Professoren mit seiner Schlauheit verärgert hatte. Die Erfurter wollten sich aber nicht hereinlegen lassen, und so verfielen sie auf den Gedanken, ihm eine Aufgabe zu stellen, bei der er selbst einmal den kürzeren ziehen sollte. Sie besorgten einen Esel, brachten ihn zu Eulenspiegel und fragten scheinheilig, ob er ihm wohl das Lesen beibringen könnte. Eulenspiegel sprach: „Ja, das könnte ich wohl." Und er dachte an das Geld, das er dabei verdienen würde. Der Rektor der Universität fragte: „Wie lange wird das wohl dauern?" Eulenspiegel antwortete: „Nun, ein Esel ist ein dummes Tier. Ich denke, ungefähr zwanzig Jahre." Das hatte er gesagt, weil er hoffte, in zwanzig Jahren ist der Rektor vielleicht schon tot, oder der Esel oder er selbst, und in dieser Zeit könnte er erst einmal gut leben. Der Rektor war einverstanden. Er übergab Eulenspiegel den Esel und das Geld für Futter und für den Unterricht.

So nahm Eulenspiegel den Esel und zog in die Herberge zum Turm. Er stellte den Esel in den Stall und legte ihm ein altes Buch in die Futterkrippe. Zwischen die einzelnen Blätter hatte er aber Hafer getan. Das merkte der Esel bald, und so blätterte er mit seinem Maul die Seiten um, damit er den Hafer fressen konnte. Immer wenn nun der Esel keinen Hafer mehr fand, schrie er: „I-a! I-a!" Als Eulenspiegel das hörte, hatte er eine gute Idee. Er legte dem Esel immer wieder Hafer zwischen die Seiten, damit er das Umblättern immer besser lernte.

Als eines Tages der Rektor fragte: „Hat denn Ihr Schüler schon etwas gelernt?", antwortete Eulenspiegel: „Ja, er kann schon einige Buchstaben lesen." Und er lud die Professoren ein, sich von den Fortschritten seines Schülers einmal zu überzeugen.

Als Eulenspiegel nun mit dem Rektor und einigen Professoren in den Stall kam, legte er seinem Schüler ein neues Buch vor. Sobald es der Esel in der Krippe liegen sah, schlug er die Blätter mit seinem Maul um, um den Hafer zu suchen. Als er aber keinen fand, begann er mit lauter Stimme zu schreien: „I-a, I-a." Da sagte Eulenspiegel: „Sehen Sie, meine lieben Herren, die beiden Vokale I und A kann er schon. Ich hoffe, er wird noch mehr lernen."

Der Rektor starb aber nach kurzer Zeit, und Eulenspiegel verließ seinen Schüler und machte sich mit dem Geld davon.

(1) Diese Geschichte sollt ihr umerzählen. Das heißt, ihr sollt sie aus einer anderen Perspektive wiedergeben, zum Beispiel aus der Sicht von Eulenspiegel selbst, der dann alles in der Ich-Form erzählt. Dabei mußt du dich in die Rolle von Eulenspiegel hineinversetzen und so schreiben, als hättest du selbst das Ganze vor einiger Zeit erlebt. Überlege dir eine Situation, in der Eulenspiegel seine Erzählung vorbringt, vielleicht in einem Wirtshaus, in das er nach seiner Erfurt-Reise kommt.

(2) Ihr könnt aber die Geschichte auch aus einer ganz anderen Perspektive erzählen, zum Beispiel aus der Sicht des Sohnes oder der Tochter des Wirtes von der Herberge zum Turm. Stellt euch vor, daß das Kind die ganze Sache beobachtet hat, als es zufällig einmal in den Stall kam.

Eines Tages kam Eulenspiegel zu uns in die Stadt Erfurt. Wir hatten schon viel von seinen Streichen gehört und waren sehr gespannt, was er nun wieder vorhatte. Ich hatte das Glück, daß er bei uns in der Herberge zum Turm einkehrte. Er hatte einen Esel mitgebracht. Eine Zeitlang wußten wir nicht, was er mit dem wohl wollte. Der Esel stand bei uns im Stall, und jeden Morgen ging Eulenspiegel zu ihm. Da beobachtete ich eines Tages aus einem Versteck heraus ...

(3) Auch die erste Eulenspiegelgeschichte mit dem Bienenkorb läßt sich gut aus einer anderen Perspektive erzählen, zum Beispiel:

- aus der Perspektive eines der beiden Diebe,
- oder aus der Perspektive eines Menschen, der alles beobachtet.

Und so könnten solche Umerzählungen anfangen:

Mein Freund Hinz und ich waren auf dem Jahrmarkt auf einem Dorf. Wir hatten viel gegessen und getrunken. Es war schon finstere Nacht, als wir zum Dorf hinausgingen. Plötzlich kamen wir an einen Bienenstand mit vielen Körben. „Davon nehmen wir uns einen mit!“ sagte Hinz ...

Oder:

Nach dem Jahrmarktsfest in unserem Dorfe war ich so müde geworden, daß ich nicht mehr bis nach Hause kam. Ich legte mich in der Nähe eines Bienenstocks in einen Schuppen und wollte gerade einschlafen. Da kam auf einmal ein Kerl und legte sich, gerade vor meiner Tür, in einen leeren Bienenkorb. Sicher war der auch müde oder betrunken. Kurze Zeit später kamen noch zwei andere Burschen, die miteinander flüsterten. Ich konnte genau hören, was sie sagten ...

Eine Eulenspiegelgeschichte neu erzählen

1. Natürlich könnt ihr auch eine Eulenspiegelgeschichte frei erfinden. Schildert z.B. einen Streich, den ihr einmal jemandem gespielt habt. Erfindet Personen dazu, und gebt ihnen Namen. Dann laßt Till Eulenspiegel diesen Streich spielen. Die Hereingelegten sind natürlich die anderen. Die Geschichte fängt, wie die meisten Eulenspiegelgeschichten, am besten so an:

   Eines Tages kam Till Eulenspiegel in die Stadt Eisleben (oder in eure Stadt oder euer Dorf). *Dort ...*

2. Viele Eulenspiegelgeschichten sind darum so lustig, weil Till eine Redewendung wörtlich genommen – und damit einen anderen reingelegt hat. Schreibt nun selbst zu einer Redewendung eine Eulenspiegelgeschichte. Redewendungen, die sich für eine „Eulenspiegelei" gut eignen, sind z.B.: Ein Brett vor dem Kopf haben. – Jemandem etwas auf die Nase binden. – Jemanden auf den Arm nehmen. – Jemandem den Buckel runterrutschen.

3. Hier ist der Anfang einer solchen Geschichte von einer Schülerin. Diese Geschichte könnt ihr zu Ende erzählen.

Wie Eulenspiegel „auf die Tube drückte"

Till brauchte wieder einmal Geld, und so machte er sich auf den Weg nach Halle. Nach einiger Zeit kam er müde dort an. Auf dem Markt kaufte er sich von seinem letzten Geld einen Apfel. Dann ging er durch die Stadt, um eine Arbeit zu suchen. Da entdeckte er eine Malerstube.

„Das könnte mir gefallen", dachte Till und klopfte an.
Ein alter Mann mit einem Pinsel in der Hand öffnete ihm.
„Was willst du?" brummte er.
„Könnt Ihr vielleicht einen Gesellen brauchen?" fragte Till.
„Einen Gesellen wohl nicht, aber einen, der bei mir aufräumt."
Sie gingen in die Stube hinein. Überall lagen Farbtuben, Pinsel und angefangene Bilder herum.
„Du kannst mir die Stube aufräumen, während ich zum Bürgermeister gehe", sagte der Meister. „Aber daß nachher alles pieksauber aussieht! In einer Stunde bin ich zurück. Also drück mal ein bißchen auf die Tube!"
Damit ging der Meister, und Till machte sich gleich fröhlich ans Werk ...

4. Es sollen auch heute Enkel von Eulenspiegel ihre Mitmenschen verunsichern. Überlegt euch eine Geschichte, die in der heutigen Zeit spielt.

Eine Erzählung szenisch gestalten

Die Eulenspiegelgeschichte *Wie Eulenspiegel in einen Bienenkorb kroch* läßt sich auch sehr gut als Theaterstück aufführen. Allerdings müßt ihr dazu die Erzählung so umschreiben, daß man sie spielen kann. Dazu einige Überlegungen.

① In wie viele Szenen läßt sich die Geschichte am besten gliedern? Eine neue Szene beginnt immer dann, wenn sich der Handlungsort ändert oder eine Person die Szene verläßt oder betritt.
Die Bienenkorb-Geschichte könnte z.B. mit folgenden Szenen beginnen:

1. *Mutter mit Eulenspiegel auf dem Jahrmarkt*
2. *Eulenspiegel am Abend auf der Suche nach einem Schlafplatz*

Welche weiteren Szenen schlagt ihr vor?

② Welche Personen treten auf?
Überlegt zunächst einmal, welche "Rollen" unverzichtbar sind, um die Handlung zur Darstellung zu bringen.
In der Bienenkorb-Geschichte sind es sicherlich Eulenspiegel und die beiden Diebe.
Wenn ihr die 1. Szene ausführlicher gestalten wollt, können auch noch weitere Personen mitspielen, z.B. die Mutter von Eulenspiegel, Menschen auf dem Jahrmarkt: Verkäufer, Kunden, Musikanten ...
Überlegt, welche Personen in eurem Theaterstück auftreten sollten, und haltet sie in einer Liste fest.

③ Fast alles, was in einer Geschichte erzählt wird, muß durch Rede und Gegenrede zwischen den Personen (Dialoge) oder durch Selbstgespräche (Monologe) zum Ausdruck gebracht werden, damit die Zuschauer die Handlung auch nachvollziehen können. Überlegt zunächst für jede Szene, welche Dialoge und Monologe wichtig sind, z.B.:

1. Szene: *Eulenspiegel unterhält sich mit seiner Mutter*
Marktschreier rufen Waren aus
Verkaufsgespräch mit Eulenspiegels Mutter
Eulenspiegel geht eigene Wege
2. Szene: *Eulenspiegels Selbstgespräch auf der Schlafplatzsuche*

Welche weiteren Dialoge und Monologe sind für die folgenden Szenen notwendig?

④ Beim Ausformulieren der Dialoge muß man vieles ergänzen, was in der erzählten Geschichte „zwischen den Zeilen steht". Manchmal helfen auch wörtliche Reden, die schon im Text stehen, aber häufig müssen sie noch ausgestaltet werden, damit das Spiel lustiger wird. Ergänzt eure Dialoge auch noch durch Hinweise für die Schauspieler (= Regieanweisungen).

So könnte die 3. Szene des Bienenkorb-Dramas beginnen:
1. und 2. Dieb (gehen suchend über die Bühne)
1. Dieb: Ich habe schon lange keinen Honig mehr gegessen.
2. Dieb: Honig – oh lecker!
1. Dieb: Aber woher nehmen und nicht stehlen?
2. Dieb: Wir müssen ihn ja nicht gleich stehlen.
Wir tragen ihn nur ein Stückchen beiseite.
1. Dieb: Und was sehen meine wachen Augen dort hinten?
2. Dieb: Ja, was sehen sie denn?
1. Dieb: Einen schönen großen Bienenstock!
2. Dieb: Und wenn die Bienen uns stechen?
1. Dieb: Die schlafen nachts!
2. Dieb: Und wenn kein Honig drin ist?
1. Dieb: Ich hab' gehört, der schwerste Bienenstock ist der beste.
2. Dieb: Also dann probieren wir sie doch aus!
(1. und 2. Dieb nähern sich den Bienenstöcken und heben sie an.)

Am besten entwickelt ihr diese Dialoge arbeitsteilig, indem jede Schülergruppe sich eine Szene vornimmt und Formulierungsvorschläge entwickelt. Wenn ihr euch diese Szenen dann gegenseitig vorstellt, kommen sicher noch weitere Ideen hinzu, und manchmal fallen einem bei den Proben noch geeignete Sprechtexte ein. Ihr müßt die Texte sauber aufschreiben und kopieren, damit jeder Spieler weiß, wann er was zu sagen hat.

⑤ Spätestens bei den ersten Proben stellt sich die Frage nach den Requisiten (Zubehör), Kostümen und Kulissen:
- Wie konstruiert man den Bienenkorb? (Z. B. durch einen umgedrehten Tisch, der an den Beinen getragen wird.)
- Wie sollten die Personen gekleidet sein, damit sie mittelalterlich wirken?
- Wie kann man den Ort der Handlung durch Gegenstände oder einfache Kulissen (Vorhänge, bemalte Tapeten) anschaulich gestalten?

Ihr seht, ein solches Umgestalten einer Erzählung in ein Theaterstück kann sehr aufwendig werden; rechnet man neben Haupt- und Nebenrollen noch die Beleuchter, Kulissenmaler, Kostümnäher hinzu, ist schnell die ganze Klasse beteiligt. Ein solcher Aufwand verdient dann auch eine Aufführung zum Elternabend oder während einer Feier zum Abschluß des Schuljahres.

S4 Phantasiegeschichten schreiben

Zu Bildern und Wörtern erzählen

Ihr habt bereits in der 5. Klasse zu Bildern und Reizwörtern erzählt und Texte geschrieben. Auch die folgenden Seiten sollen eure Phantasie anregen und zum Erzählen auffordern.

(1) Auf dieser Doppelseite findest du sehr unterschiedliche Bilder.
Schau sie dir an. Welche Abbildung spricht dich besonders an?
Erzähle eine kleine Geschichte dazu.

(2) Ihr könnt – einzeln oder in Tischgruppen – mehrere Bilder (aber nicht mehr als vier) auswählen.
Überlegt zunächst in Gedanken, wie sich diese Bilder in einer Geschichte verbinden lassen, und erzählt dann.

(3) Eine solche Bildercollage könnt ihr selbst zusammenstellen,
wenn jeder von zu Hause Ausschnitte aus Zeitschriften oder aus Katalogen mitbringt.

1
PFENNIG

(4) Für das folgende Erzählspiel setzt ihr euch mit euren Stühlen am besten in einen Kreis. Jeder schreibt auf einen Zettel ein Wort, zu dem man gut erzählen kann, z.B. *Mondrakete, Ungeheuer, Hund.*
Die Zettel werden nun eingesammelt, gemischt und wieder an euch verteilt.
In einer ersten Runde sollte jeder sein gezogenes Wort vorlesen.
Einer von euch fängt nun an, eine Geschichte zu erzählen (ein/zwei Sätze), in der sein gezogenes Wort vorkommen muß. Der Nachbar erzählt weiter und baut ebenfalls seinen Begriff beim Erzählen ein.
Vereinbart vorher, ob die Geschichte lustig oder traurig sein soll.

(5) Es macht auch Spaß, wenn alle in einer Tischgruppe von einem „Erzählwort" (z.B. *Zauberwald, Roboterland*) ausgehend eine Geschichte entwickeln.
Bevor ihr anfangt zu erzählen, schreibt auf einen Zettel alle Wörter (Nomen, Verben, Adjektive), die euch zu diesem Wort einfallen.

Nomen	Verben	Adjektive
Zauberwald, Tiere, Pflanzen	rascheln, flüstern	geheimnisvoll, traumhaft

(6) Was fällt euch bei dem Wort *durchgebrannt* ein?
In einer Schulklasse wurden folgende Einfälle gesammelt:
Eine Sicherung ist durchgebrannt
Ein Schüler ist durchgebrannt
Ein Hund ist durchgebrannt
Wählt euch eins der oben genannten Themen aus.
Überlegt zuerst, ob eure Geschichte einen überraschenden, lustigen, traurigen oder ernsthaften Ausgang haben soll.
Bevor ihr anfangt zu schreiben, legt ihr euch am besten eine Wörterliste an.

Sicherung

Fön, Knall, Stichflamme,
Angst, blitzschnell, Telefon,
schreckensbleich, aufgeregt,
falsche Nummer, Feuerwehr, falscher Alarm

(7) Du kannst auch die Geschichte von Gabi weiterschreiben.
Gabi hat ihre Geschichte so begonnen:

Durchgebrannt

Als ich am letzten Samstag morgens aufwachte, hörte ich Köhlers Dackel vor unserem Haus bellen. „Au fein,“, dachte ich, „mit Lumpi spielen!“ Mit einem Satz war ich aus dem Bett und hörte Lumpi wieder bellen, aber etwas weiter entfernt. Als ich in den Garten lief und pfiff …

(8) Zu einer guten Geschichte gehört nicht nur eine zündende Idee.
Damit eine Erzählung lebendig und anschaulich wird,
solltet ihr euch an folgende Tips erinnern:

1. Gib den Personen deiner Geschichte passende Namen.
2. Füge wörtliche Reden und Gedanken ein, das macht deinen Text lebendig.
3. Verwende treffende Adjektive, damit sich der Leser oder Zuhörer genau vorstellen kann, wie etwas aussieht, wie sich etwas anfühlt, wie etwas riecht.
4. Vermeide die Wiederholung der gleichen Verben („er ging …, dann ging er …“).
5. Verzögere das Ende deiner Geschichte, indem du eigene Gedanken, Ausrufe einfügst oder Fragen stellst („Kaum zu glauben!“).
6. Gib deiner Geschichte eine interessante Überschrift, die zum Lesen reizt, aber auch noch nicht alles verrät.

(9) Lest euch eure Textentwürfe gegenseitig vor, besprecht und überarbeitet sie.

(10) Hier findest du noch einige Reizwörter, zu denen du Geschichten schreiben kannst.
Vielleicht fallen euch noch weitere Wörter ein.

Geschichten fortsetzen

(1) Der folgende Ausschnitt aus einer Gruselgeschichte wird euch sicher gut gefallen. Lest ihn aufmerksam durch, und überlegt dann gemeinsam, warum euch der Text beeindruckt.

Der Drache kam immer näher. Er holte tief Atem und stieß eine rote Feuerwolke aus. Der giftige Rauch brannte im Gesicht des Jungen. Ihm wurde schlecht, und er schloß die schmerzenden Augen. Da fühlte er, wie ihn etwas am Arm packte. Es war der Drache.

Der Junge riß die Augen auf. Das Blut gefror ihm in den Adern. Die Haare standen ihm zu Berge. Vor Schreck war er wie versteinert. Es lief ihm eiskalt über den Rücken. Er fühlte, wie seine Beine unter ihm nachgaben. Noch nie hatte er solche Angst verspürt. Zwei Augen, so riesig wie Feuerbälle, starrten ihn an. Die langen grünen Klauen des Drachens packten ihn am Hals. Das Untier riß seinen riesigen Rachen auf. Tausende von Zähnen funkelten in der Dunkelheit. Der Geruch von Schwefel stach in die Nase des Jungen.

„WAS MACHST DU IN MEINER HÖHLE?“

brüllte der Drache. Aber bevor der Junge noch antworten konnte ...

(2) a) Der Text zeigt euch an vielen Stellen, wie man anschaulich und spannend erzählen kann. Schreibt die Stellen heraus, die eurer Meinung nach besonders gut gelungen sind.
b) Um etwas anschaulich darzustellen, kann man Vergleiche heranziehen, z.B. „er fauchte wie ein Tiger“. Auch in diesem Ausschnitt gibt es dafür zwei Beispiele. Sucht diese Textstellen heraus.

(3) Nun denkt euch einmal den Anfang der Geschichte aus.
a) Sammelt Ideen, wie es zu der Begegnung zwischen dem Jungen und dem Drachen gekommen sein könnte.
b) Überlegt euch Namen für den Drachen und den Jungen.
c) Damit eure Texte auch anschaulich und spannend werden, könnt ihr in Gruppen zum Thema „Angst“ auf Wörtersuche gehen.
d) Tragt eure Wörter an der Tafel zusammen.

(4) So hat Hanna den Anfang der Geschichte aufgeschrieben.

Zu seinem Geburtstag hatte Jochen ein Bilderbuch bekommen, das von einem kleinen grünen Drachen handelte. Bilderbücher aber fand er todlangweilig. Rennautos und Pistolen, ja, die gefielen ihm.
Achtlos warf er das Buch in eine Ecke. Eines Nachts, der Sturm heulte, und der Regen prasselte gegen die klappernden Fensterläden, wachte er plötzlich auf und sah in der Ecke seines Zimmers etwas Grünes schimmern. Wie gebannt starrte er in die Ecke …

Paßt der Anfang von Hannas Geschichte zu dem Textausschnitt?

(5) Erfindet einen eigenen Anfang zu dem Textausschnitt, und schreibt ihn auf.

(6) So könnt ihr euren Text mit einem Partner überarbeiten:
Du liest deinen Anfang der Geschichte vor, und dein Partner liest im Anschluß daran den Textausschnitt von Seite 40. Passen die Teile zusammen?

(7) Die Gruselgeschichte hört an der spannendsten Stelle auf.
So hat ein Schüler die Geschichte weitergeschrieben: *… klingelte der Wecker.*
Wie gefällt euch dieser Schluß?

(8) Versucht jetzt den Fortgang eurer eigenen Geschichte so zu erzählen, daß der Leser bis zum Schluß gespannt ist, wie die Begegnung zwischen dem Drachen und dem Jungen endet.
Dein Schluß muß natürlich zu dem Anfang deiner Geschichte passen.
Lest dann die ganzen Texte vor.

9

…
„Gut, aber was?“
„Ich weiß auch nicht. Irgendwas eben.“
„Irgendwas ist nichts. Wer hat einen Vorschlag?“
„Ich weiß was“, sagte ein dicker Junge mit einer hohen Mädchenstimme, „wir könnten spielen, daß die ganze Ruine ein großes Schiff ist, und wir fahren in unbekannte Meere und erleben Abenteuer. Ich bin der Kapitän, du bist der Erste Steuermann, und du bist ein Naturforscher, ein Professor, weil es nämlich eine Forschungsreise ist, versteht ihr? Und die anderen sind Matrosen.“
„Und wir Mädchen, was sind wir?“
„Matrosinnen. Es ist ein Zukunftsschiff.“ …

Michael Ende

Sticht das Zukunftsschiff in See? Bist du dabei?
Überlege dir eine Geschichte, in die dieser Textauszug gut hineinpaßt.

(10) Du findest hier einige Textausschnitte, die zu dem Bild auf Seite 43 geschrieben worden sind.

> Es war im Jahre 1610. Unser Segelschiff näherte sich einer phantastischen Insel aus graugestreiftem Kalkstein. Die Insel bestand aus einem einzigen steilen Berg. Auf seiner Spitze stand eine Ritterburg. Wir gingen vor der Küste vor Anker und luden unsere Pferde aus. Dann ritten wir auf die Burg hinauf. Sie schien unbewohnt. Als wir uns dort oben häuslich niedergelassen hatten, ahnten wir noch nicht, was es mit dieser Burg auf sich hatte.

> Es war im Jahre 3050, als wir mit unserem Weltraumschiff auf dem Meer des Planeten Traumos landeten. Dort machten wir eine merkwürdige Entdekkung. Mitten aus dem Wasser erhob sich eine uralte Burg. Sie stand auf einem Berg, der wie das Haus einer Riesenschnecke aussah. Das entzündete natürlich sofort unseren Forscherdrang. Wir wollten der Sache auf den Grund gehen ...

Erzähle eine dieser angefangenen Geschichten weiter.
Dabei können dir folgende Fragen helfen:

- Wer mag wohl in dieser Burg wohnen?
- Sind die Bewohner freiwillig dort? Sind es Gefangene?
- Welche Rolle spielt das Wassertier?
  Ist es ein gutmütiges oder ein bösartiges Wesen?
  Lies noch einmal die „Erzähltips“ auf Seite 39, bevor du anfängst zu schreiben.

[11] Der folgende Textausschnitt ist nicht der Anfang einer Geschichte, sondern die Mitte. Hier mußt du dir den Anfang und das Ende ausdenken.

> ...
> Durch das Fernglas konnten wir sehen, daß auf den steilen Wegen, die zu der Burg führten, seltsame Menschen auf Pferden ritten.
> Sie sahen aus wie Ritter aus dem Mittelalter. Am merkwürdigsten fanden wir, daß diese Insel mit der Burg sich zu bewegen schien. So schnell wir auch segelten, die Burg und die Insel fuhren immer im gleichen Abstand vor uns her ...

[12] Vielleicht fällt dir aber auch eine ganz andere Geschichte zu diesem Bild ein.

13 a) Lies dir den Anfang der folgenden Geschichte gut durch, und mache dir den Inhalt klar.

Die kleinen Spiegel *Michel Butor*

Gérard langweilte sich in der Stunde. Es regnete. Ein Schüler las eine alte Geschichte aus dem Lesebuch vor, und die Lehrerin versuchte, die Kinder zu überzeugen, daß sie komisch sei. Aber niemand konnte lachen, nicht einmal sie selbst.
Gérard hatte sein Buch antiquarisch gekauft. Es war vollgeschmiert mit Kritzeleien. Zwischen den Zeilen auf der Seite, die sie gerade lasen, entzifferte er: „Wenn du dich langweilst, kratz den Tintenklecks auf dem Buchdeckel ab."

Der Einband war aus dicker Pappe, und auf der Innenseite bemerkte er tatsächlich einen riesigen Tintenklecks. Er kratzte ihn sorgfältig ab und entdeckte, daß es in Wirklichkeit ein aufgeklebtes Stück Papier war, unter dem eine rechteckige Vertiefung zum Vorschein kam, auf deren Boden man lesen konnte: „Hier einen kleinen Spiegel einlegen."
Die Lehrerin merkte, daß er nicht aufpaßte, und fragte ihn, bei welcher Stelle sie wären. Zum Glück war die Stunde gerade um, und das Läuten erlöste ihn von seinem Gestotter. Da es eine nette Lehrerin war, lächelte sie ihm zu, als sie sah, wie er aufatmete.
Zu Hause durchsuchte er die ganze Wohnung. Die Spiegel waren alle viel zu groß, bis auf einen, den seine Mutter in ihrer Handtasche hatte.
...

b) Welche Zauberwirkung könnte der Spiegel haben? Erzähle die Geschichte weiter.

Geschichten zu Bildern erfinden

(1) Sprecht über das Bild auf Seite 45, und sammelt eure Ideen.

a) Überlegt gemeinsam, wen ihr verfolgt oder wem ihr auf der Spur sein könntet.
b) Tragt eure Vorstellungen über Abenteuer und Gefahren zusammen, die auf dem Weg auftauchen.
c) Sammelt passende Überschriften an der Tafel, und entwickelt in Gruppen zu einer Überschrift eine Geschichte.
d) Stellt nun den Plan für eure Geschichte der Klasse vor, und laßt sie raten, zu welcher Überschrift ihr euch eine Erzählung ausgedacht habt.

Mein Geheimweg geht durch ein wüstes Tal über einen Zaun durch den Zauberwald über die Burgmauer durch den unterirdischen Gang durch die Lücke im Gemäuer über den Burghof in das Verlies
Mist! Die Tür ist zu!

(2) Bevor ihr eure Geschichte aufschreibt, überlegt gemeinsam, durch welche Ausdrücke eure Erzählung besonders lebendig und spannend wird.

a) Sammelt Verben aus dem Wortfeld *gehen,* die zu euren Erzählungen passen: *schleichen, klettern ...*

b) Überlegt, mit welchen Adjektiven ihr das Unheimliche und Gespenstische treffend beschreiben könnt.

c) Denkt auch daran, daß man durch Vergleiche etwas sehr anschaulich machen kann, z.B. *wie auf Samtpfoten, ängstlich wie eine Maus ...*

Wenn ihr eure Vorschläge an die Tafel schreibt oder — auf Tapetenrollen übertragen — an die Wand hängt, könnt ihr jederzeit beim Schreiben daraufsehen.

(3) Denkt beim Schreiben an die Tips auf Seite 39. Sie helfen euch auch beim Überarbeiten eures Textes. Weitere Hinweise für das Überarbeiten findet ihr auf Seite 138.

(4) Ein Schüler hat in seiner Geschichte folgende Sätze geschrieben:

... Auf der Suche nach dem verborgenen Schatz ging ich durch ein einsames Tal. Plötzlich tauchte vor mir ein unheimlich wirkender Busch auf. Ich <u>ging</u> um ihn herum, entdeckte aber nichts Besonderes und <u>ging</u> weiter. Plötzlich ein Geräusch hinter mir! So schnell ich konnte, <u>ging</u> ich ...

Wie lassen sich diese Wiederholungen vermeiden? Sucht entsprechende Ausdrücke.

(5) Welches Bild spricht dich besonders an? Übertrage das Bild auf deinen Malblock, und vervollständige es. Vielleicht kommt dir dabei die Idee für eine Geschichte.

Du befindest dich in einem Fesselballon ...

Und plötzlich war ich ein Riese ...

S5 Personen beschreiben

Das ist Sabine, auch Bine genannt.
Einige Mitschüler, die Sabine gut kennen,
haben sie beschrieben.
Hier sind ihre Aussagen.

Peter: Sabine, die ist nett.
Ingrid: Sie trägt oft eine witzige Jacke.
Susanne: Sie wird im Dezember 13 Jahre alt.
Björn: Sabine ist ein ganz sportlicher Typ.
Andreas: Ihre Haare fallen besonders auf.
Maren: Sabine hat die größte Aufklebersammlung in unserer Klasse.
Stefan: Circa 1,65 ist sie wohl groß.
Lena: Ihre Schuhe sind echt toll.

(1) Welche dieser Aussagen über Sabine könnt ihr anhand des Fotos nicht überprüfen?

(2) Zum Aussehen von Sabine kann man sicherlich genauere Angaben machen.
a) Beschreibt Sabines Aussehen nach dem Foto.
Schaut euch dazu Haare, Gesicht, Figur und Kleidung gut an.
b) Sammelt Bezeichnungen für Sabines Kleidungsstücke (Art, Muster, Farben).
c) Stellt eine Liste von Adjektiven zusammen,
die ihr für die Beschreibung benötigt, z.B.
Gesicht: schmal, oval ...
Haare: kurzgeschnitten, rot ...
Dabei können euch die Übungen in der Einheit „G20 Wortfelder“ weiterhelfen.

(3) Da ihr Sabine nicht kennt, ist es für euch nicht leicht zu sagen, welchen Eindruck sie auf andere macht.
Betrachtet Sabines Gesichtsausdruck und ihre Haltung auf dem Foto links.
Wie wirkt sie auf euch?
Eher lustig, wütend, freundlich, schüchtern?
Oder vielleicht ganz anders?

(4) Hier ist noch ein Foto von Sabine.
Vieles an ihrem Aussehen hat sich verändert.
Beschreibt genau, wie Sabine jetzt aussieht. Ihr könnt dazu folgende Verben benutzen:
tragen, anhaben,
bekleidet sein mit, umhaben,
angezogen sein mit,
schauen, wirken,
blicken ...

(5) Ihr könnt euch auch selbst beschreiben.
a) Legt euch dazu zunächst auf Tapetenpapier, und zeichnet gegenseitig eure Umrisse auf.
b) Schreibt in das Umrißbild euren Namen und das, was euch zum Thema „Das bin ich“ einfällt.
c) Wenn ihr mögt, könnt ihr eure Mitschüler auffordern, eure Selbstbeschreibung durch ihre Beobachtungen zu ergänzen.

(6) Mit Personenbeschreibungen läßt sich auch ein Spiel durchführen:
Jeder von euch fertigt schriftlich eine stichwortartige Beschreibung seines Nachbarn an.
Die Beschreibung gebt ihr eurem Deutschlehrer / eurer Deutschlehrerin.
Er / sie liest die Beschreibung vor.
Ihr ratet, welcher Mitschüler gemeint ist.
Bei welcher Beschreibung konntet ihr besonders schnell sagen, um wen es sich handelt?

[7] Wo können Personenbeschreibungen vorkommen? Sammelt Beispiele.

(8) Personenbeschreibungen sind ein wichtiger Bestandteil von polizeilichen Ermittlungen. Die Polizei verwendet dazu Formulare, wie auf dieser Seite abgedruckt. Welche Vorteile bietet ein solches Formular?

Personenbeschreibung (Blatt 1)

☐ zur Anzeige über eine vermißte Person (Name, Vorname, Geburtsdatum und -ort)
☐ zur Anzeige über einen unbekannten Toten (Leichenteile) oder hilflose Person (Tagebuch-Nr., Auffindungsdatum und -ort)

GE Gestalt ☐ Dürr	☐ Dick	(sonstige)		Geschlecht ☐ Männlich	☐ Weiblich	☐ Unbekannt
GR Größe ☐ Auffallend klein	☐ Auffallend groß	cm	Gewicht kg	**AL** Scheinb. Alter	**ER** Äußere Erscheinung ☐ Südländisch	☐ Negroid
☐ Asiatisch	(sonstige)				**SP** Stimme, Sprachfehler ☐ Besonders hoch	☐ Besonders tief
☐ Heiser	☐ Näselt/nuschelt	☐ Stottert/stammelt	☐ Lispelt	☐ Stumm	☐ Sonstige Sprachfehler/Sprechgewohnheiten	
MU Mundart			**FS** Fremdsprachen			
KM Körperliche Merkmale						
TW Tätowierungen						
VM Vermerkfeld						

Kopf	Haar		Bart
Gesicht	Stirn	Augen	
Augenbrauen	Nase	Mund	Lippen
Ohren	Ohrläppchen	Kinn	
Zähne		Hals	Rücken
Arme		Hände	
Beine		Füße	Schuhgröße
Sonstige Auffälligkeiten		☐ Kleiderkarte gefertigt	☐ Haarproben beigefügt
Blutgruppe	Geburten/Fehlgeburten, bestehende Schwangerschaft		
Bekleidung (Form, Stoffart, Muster, Farbe, Wäsche- und Firmenzeichen, sonstige Auffälligkeiten)			
Alle mitgeführten/aufgefundenen Sachen			

⑨ Fertige mit Hilfe dieses Formulars die Beschreibung einer dir gut bekannten Person (Eltern, Geschwister, Mitschüler ...) an. Laß dir zu diesem Zweck die Seite 49 kopieren, oder übertrage die Beschreibungspunkte in dein Heft. Die folgende Merkmalliste gibt dir Hinweise, wie man eine Person treffend beschreibt.

⑩ Formuliere mit Hilfe dieses Formulars eine kurze Suchmeldung, wie ihr sie aus der Zeitung oder aus dem Rundfunk kennt. Sie darf nur die wichtigsten Angaben enthalten. Die folgende Liste der körperlichen Merkmale kann dir dabei helfen.

Körperliche Merkmale einer Person

Augenbrauen: wulstig, buschig, ausrasiert, zusammengewachsen …
Augen: hell, dunkel, groß, schmal, mandelförmig, blind; schielen, zwinkern …
Kopf: oval, viereckig, rund, klein, groß, breite Wangenknochen …
Gesicht: rund, länglich, eckig, voll, eingefallen, blaß, bleich, gesund, gebräunt, rot, pausbäckig …
Kinn: spitz, breit, gespalten, vorspringend, Grübchen, Doppelkinn …
Hals: lang, kurz, schief, dünn, dick, Kropf, Adamsapfel …
Arme: dick, dünn, kurz, lang …
Gestalt/Körper: klein, groß, gedrungen, aufgeschossen …

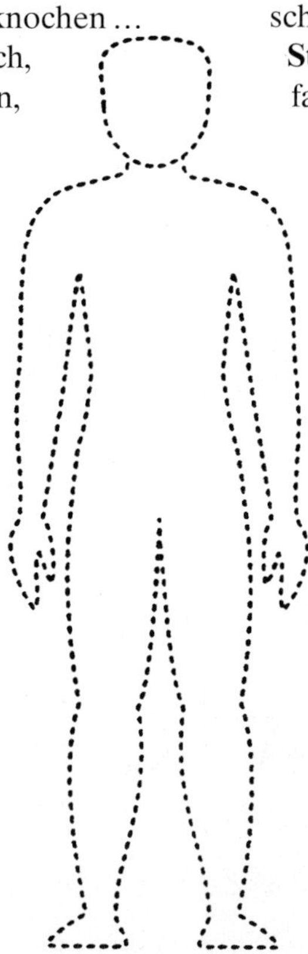

Haar: blond, brünett, schwarz, rotbraun, braun, grau …
Länge/Frisur: lang, kurz, glatt, strähnig, gewellt, toupiert, dicht, gelichtet, kraus … Scheitel, Locken, Knoten, Pony, Zopf, Pferdeschwanz, Rundschnitt, Fassonschnitt, Dauerwelle, Glatze …
Stirn: glatt, niedrig, hoch, schmal, faltig, fliehend …
Ohren: groß, klein, abstehend …
Ohrläppchen: angewachsen, lang, gelocht …
Nase: dick, dünn, groß, klein, lang, kurz, schief, gerade, gebogen, Stups-, Adler-, Haken-, Boxernase …
Mund: groß, klein, schief, breit, schmal …
Lippen: dünn, dick, schmal, breit, wulstig, aufgeworfen …
Zähne: vollständig, lückenhaft, vorstehend, schief, weiß, gelblich, ungepflegt, sichtbare Plomben …
Bart: Voll-, Oberlippen-, Kinn-, Backen-, Dreitagebart, gepflegt …
Hände: groß, klein, behaart, gepflegt, ungepflegt, schmal, breit, rauh, abgearbeitet …

S6 Vorgänge beschreiben

Täglich führt ihr eine Menge von Tätigkeiten aus, ohne darüber nachzudenken, z.B. Zähne putzen, Tisch decken, Fahrrad fahren. Das geht alles wie von selbst. Schwierig wird es jedoch, solche alltäglichen Vorgänge treffend zu beschreiben. Das werdet ihr bei folgendem Spiel feststellen.

(1) Zwei Schüler erhalten den Auftrag, eine Landkarte aufzuhängen. Sie dürfen aber nur genau das tun, was ihr ihnen sagt. Dabei können allerhand komische Sachen passieren. Das sind die ersten Anweisungen, die Oliver und Konstanze bekommen haben:
„Oliver, geh zum Kartenständer hin!“
„Konstanze, geh zur Karte!“
„Konstanze, nimm die Karte!“

a) Spielt dieses Anweisungsspiel zusammen mit euren Mitschülern so lange, bis die Karte richtig hängt.
b) Bestimmt fallen euch noch andere Anweisungsspiele ein.

(2) Weißt du, wie man ein Knallkissen bastelt? Versuche es mit Hilfe der Abbildungen.

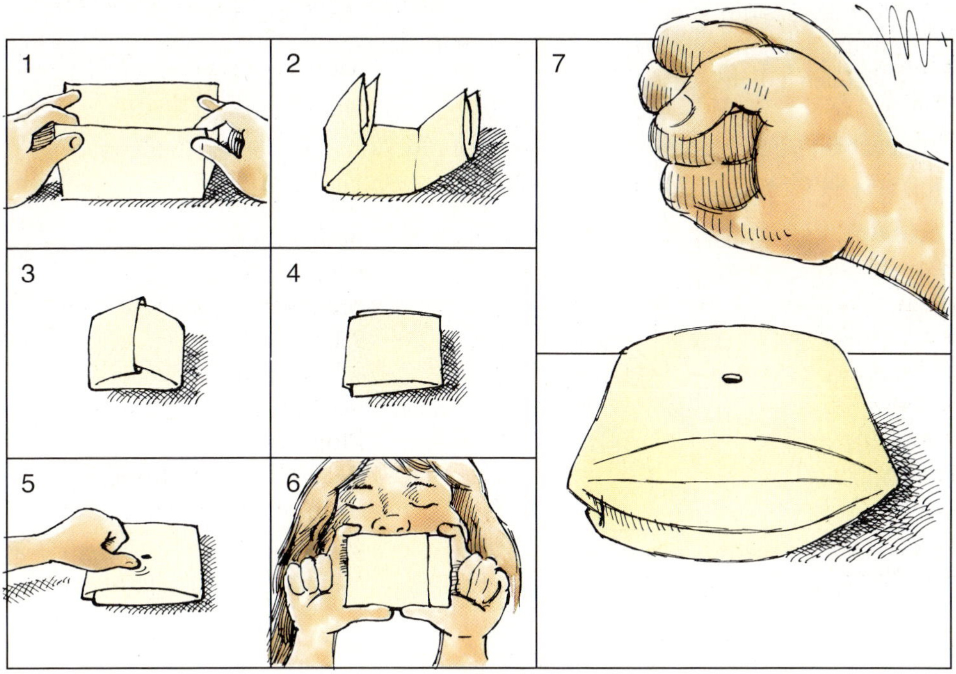

③ Hier findest du eine Beschreibung dazu. Die Reihenfolge der Arbeitsschritte ist durcheinandergeraten. Ordne sie mit Hilfe der Zahlen in der Skizze.

a Ein rechteckiges Blatt Papier vor sich hinlegen,
das Blatt in drei gleiche Teile falten
und die äußeren Drittel nach oben knicken,
b die beiden Ränder des „Schlauches“ ineinanderstecken,
c in das Loch hineinpusten und das Papier etwas hochdrücken,
so daß ein „Kissen“ daraus wird,
d das Papierkissen auf eine feste Unterlage legen
und mit der Hand auf das Papierkissen schlagen,
e die obere glatte Fläche in der Mitte etwas anfeuchten
und mit dem Fingernagel ein kleines Loch hineinkratzen,
f das linke und das rechte Ende des „Papierschlauches“ hochklappen,
g alle Ränder mit den Fingernägeln fest ankniffen
und die „Papiertasche“ herumdrehen,
h es knallt.

④ Schreibe den Arbeitsvorgang in einem zusammenhängenden Text auf.
a) Du kannst verschiedene Formen von Anweisungen benutzen, z.B.:
Man legt zuerst ein rechteckiges Blatt ...
Ich lege zuerst ...
Zuerst legst du ...
b) Damit nicht alle Sätze mit *dann* beginnen,
wähle dir aus der folgenden Liste passende Satzanfänge aus:
danach, endlich, anschließend, zuerst, nun, daraufhin,
schließlich, zuletzt, zum Schluß, jetzt.

5 Tauscht weitere Bastelanweisungen aus für das Anfertigen einer Klatsche, eines Papierpfeils, einer Papierschwalbe, eines Schiffchens ...

In welche Arbeitsphasen kann man den jeweiligen Faltvorgang aufteilen? Beschreibe sie.
Kannst du die Herstellungsschritte auch zeichnen?

⑥ So kannst du eine Glühlampen-Rassel basteln.

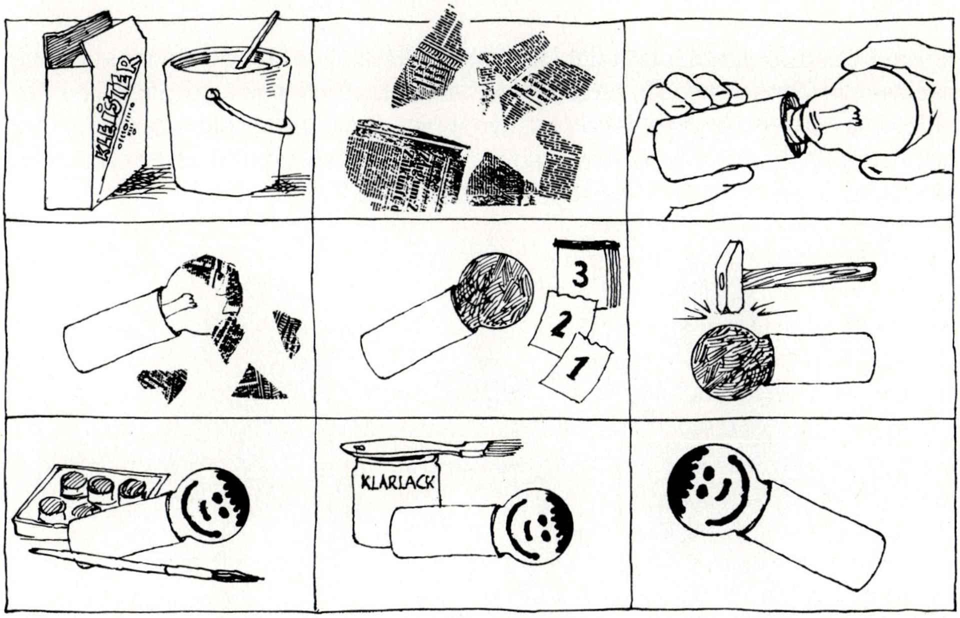

a) Seht euch die Bildfolge genau an, damit euch der gesamte Vorgang klar wird; besprecht, was die einzelnen Abbildungen bedeuten, z.B. die Kalenderblätter.
b) Notiert in Gruppen zu jeder Abbildung Stichwörter zu den Arbeitsschritten, und schreibt sie an die Tafel.
c) Stellt dann eine Liste der benötigten Materialien zusammen:
Kleister, Eimer ...
d) Schreibe jetzt auf, wie eine Glühlampen-Rassel gebastelt wird.
Das klappt natürlich am besten, wenn du die Rassel vorher wirklich gebastelt hast.
e) Denke beim Schreiben an die verschiedenen Anweisungsformen, und achte auf die Satzanfänge (siehe Seite 52, Aufgabe ④);
folgende Verben könnt ihr verwenden:
anrühren, zerreißen, bekleben, bemalen ...

Wenn ein Freund nach deiner Anleitung eine Glühlampen-Rassel ohne Bildvorlage basteln kann, hast du den Vorgang richtig beschrieben.

> Deine Beschreibungen sollen andere Personen möglichst schnell, genau und umfassend informieren. Daher mußt du dir überlegen, welche Informationen wichtig sind und wie du diese durch treffende Verben und Adjektive genau darstellst. Beschreibungen stehen im Präsens.

S7 Gegenstände beschreiben

Als im 18. und 19. Jahrhundert der Bergbau im Erzgebirge immer mehr zurückging, suchten die Menschen nach neuen Erwerbsquellen. Sie fanden sie auch in der Bearbeitung des Holzes, das in den ausgedehnten Wäldern reichlich zur Verfügung stand. Neben Leuchtern, Weihnachtspyramiden, Schwibbogen sind die erzgebirgischen Nußknacker auch heute noch sehr beliebt.

① a) Welche Merkmale haben die drei Nußknacker gemeinsam?
b) Worin unterscheiden sie sich?

② a) Wähle einen Nußknacker, der dir besonders gefällt, und beschreibe ihn möglichst genau in deinem Heft. Berücksichtige dabei die Größe, die Form, die verwendeten Farben, das Material, den Verwendungszweck sowie besondere Kennzeichen.
b) Beim Beschreiben eines solchen Gegenstandes kommt es auf Einzelheiten an. Verwende daher Bezeichnungen wie die folgenden:

Kopfbedeckung Gesichtsausdruck Oberbekleidung des Körpers

Bein-/Fußbekleidung Hebel zum Bewegen des Unterkiefers

geschmückt verziert gegliedert gestaltet

c) Du kannst deine Beschreibung mit der Formulierung eines Gesamteindruckes abschließen, aus dem der Leser z.B. auch erkennen kann, warum du dich für den ausgewählten Nußknacker entschieden hast.

(3) Die Vielfalt der Gestaltungsmöglichkeiten von Nußknackern wird durch den Vergleich besonders deutlich. Wähle zwei der abgebildeten Nußknacker aus, und beschreibe sie im Vergleich. Folgende sprachliche Mittel können dir dabei helfen:

- Unterschiede: *kleiner als ...; / besser als ...*
- Gleichsetzungen: *... genauso/ebenso wie ...*
Sowohl ... als auch ...
... die gleiche Farbe wie ...
Auch der kleinere ...
- Gegenüberstellungen: *Der eine ..., der andere ...*
den größeren ...
Im Unterschied zu ...
... sind unterschiedlich ...; ... anders ...
- Nebensätze: *Während der kürzere ...,*
besitzt der ...

[4] Seit dem Altertum werden Puppen zum Theaterspiel verwendet. Sie stellen oft Menschen mit verschiedenen Eigenschaften dar. Auf der folgenden Seite sind drei typische Beispiele abgebildet:

1. eine Marionette (Abb. A)
2. zwei Stabpuppen (Abb. B)
3. eine Handspielpuppe (Abb. C)

Beschreibe die Puppen einzeln und im Vergleich. Wenn du ihre Handhabung beschreiben willst, mußt du beachten, daß es sich um einen Vorgang handelt.

(5) Beschreibe einen Gegenstand deiner Wahl so genau, daß es deine Mitschüler erraten können. Bringe die Beschreibung und das eingepackte Objekt mit in die Schule.
„Mein Gegenstand besteht aus Plastik ...“

Gegenstände müssen so genau beschrieben werden, daß sich der Leser oder Hörer ein genaues Bild von dem Gegenstand machen kann.
Achte daher bei Gegenständen auf folgende Punkte:

- Berücksichtige bei der Beschreibung Merkmale wie Größe, Form, Farbe, Material, Verwendungszweck, besondere Kennzeichen.
- Verwende Fachwörter, und wähle treffende Verben und Adjektive.
- Schreibe im Präsens.
- Am Anfang oder am Schluß kann man den Gesamteindruck wiedergeben.

A
B
C

S8 Berichten

Über ein Erlebnis berichten

① Stellt euch einmal vor, ihr hättet erlebt, was auf dem Bild zu sehen ist. Sprecht über diesen Vorfall.

② Der Junge, der den Zusammenprall verursacht hat, berichtet später seinem Vater, der nicht dabeigewesen ist: *„Ich wollte bloß Kurt nachlaufen, ohne daß er mich sehen sollte ...“* Setzt seinen Bericht fort.

③ Wie wird wohl der Kellner über den Vorfall berichten?

④ *„Also heute nachmittag, da habe ich etwas erlebt, das hättet ihr ...“*, berichtet am Abend einer der Zuschauer seiner Familie. Setzt seinen Bericht fort. Bringt dabei den Ärger oder auch den Spott zum Ausdruck, den der Gast im Gartenlokal empfunden haben mag.

⑤ Sprecht über die verschiedenen Sichtweisen der Betroffenen.

Brand im Baumarkt

HALLE (plw). Am Sonnabend, gegen 5.00 Uhr, entdeckte ein Mitarbeiter der Wach- und Schließgesellschaft, daß Qualm aus dem Abstellraum eines Baumarktes drang. Er alarmierte sofort die Polizei. Durch einen technischen Defekt hatten Styropor und kleine Lagerbestände Feuer gefangen, das durch die Feuerwehr schnell gelöscht werden konnte. Feuerdämmende Türen verhinderten ein Übergreifen des Brandes auf den Baumarkt. Es entstand ein Sachschaden von DM 25.000.

Der Zeitungsbericht informiert sachlich, kurz und genau über das Geschehen. Die Ereignisse werden in geordneter Reihenfolge berichtet. Die Zeitform ist das **Präteritum.**

(1) Als der Wachmann nach Hause kam, berichtete er seiner Frau von den Ereignissen:

„Mensch, heute war bei uns was los! Hinten im Abstellraum hat's gebrannt, und wie, kann ich dir sagen. Mindestens 100.000 DM Schaden. Wenn ich nicht meinen Kontrollgang gemacht und die Feuerwehr angerufen hätte, wäre es noch viel schlimmer gekommen. Ich habe noch gedacht, irgendwie riecht es hier komisch, als ich durch die Lagerhalle gegangen bin. Aber fix waren sie, die Männer von der Feuerwehr! Es hat keine fünf Minuten gedauert, da waren sie schon da. Ich habe gleich das Tor aufgemacht, damit die auf das Gelände fahren konnten. Als ich durch die Halle gegangen bin, habe ich gleich gewußt, daß hier was nicht stimmt. Und als ich die Eisentür zum Abstellraum aufgemacht habe, da wußte ich, was los war, und bin gleich zum Telefon gerannt. Gott sei Dank stehen bei uns die Notrufnummern groß an der Wand ..."

Vergleicht seine Darstellung mit dem, was im Zeitungsbericht steht. Was fällt euch auf?

(2) Gabi beobachtet, wie eine Frau in der Lederwarenabteilung eines Kaufhauses eine Geldbörse vom Tisch nimmt und in die Einkaufstasche steckt.
Aber auch eine Verkäuferin hat den Vorgang gesehen.
Sie veranlaßt, daß Gabi und die Kundin vom Hausdetektiv befragt werden.

Gabi berichtet dem Hausdetektiv, was sie gesehen hat.
Was wird das eurer Meinung nach sein?

(3) Der Detektiv wird sicher auch Fragen an Gabi haben:
„Wann war das? Woher kam die Frau?“
Stellt in einem Stegreifspiel dar, wie das Gespräch zwischen dem Detektiv und Gabi abgelaufen sein könnte.

(4) Arbeitet in Gruppen das Protokoll aus, das Gabi unterschreiben soll.
Das fällt euch leichter, wenn ihr Antworten auf die W-Fragen sucht:
Wann? Wo? Was? Wer? Wie?

Am 22. 6. 19.. gegen 16.00 Uhr
stand ich in der Lederwarenabteilung . . .

Informationen entnehmen – Informationen weitergeben

Jedes Jahr führt der Börsenverein des Deutschen Buchhandels einen Lesewettbewerb (siehe S. 19) durch. Im Rahmen dieses Wettbewerbs wird aber nicht nur der Lesevortrag gewertet, sondern auch die Vorstellung des Buches durch den Vorlesenden. Darüber kann man in den Wettbewerbsunterlagen folgendes lesen:

> Grundlage für gutes Vorlesen ist, daß das Kind seine ausgewählte Textstelle in Beziehung zur Gesamthandlung des Buches stellen kann und damit den Textausschnitt für alle Zuhörer verständlich macht. Das setzt die Kenntnisse des ganzen Textes voraus und empfiehlt eine altersgemäße Titelauswahl. Da nicht alle Kinder im freien Sprechen gleich talentiert sind, spielt es bei der Bewertung eine untergeordnete Rolle, ob der einzelne von sich aus eine kurze, selbst formulierte Einführung geben kann oder ob die inhaltlichen Zusammenhänge seiner Textstelle durch Nachfragen deutlich werden.

(1) Gebt mit euren Worten die Aussage jedes Satzes wieder.
Die Bedeutung der Fremdwörter müßt ihr im Wörterbuch nachschlagen.

[2] Schreibt den Text so, daß jeder Schüler ihn sofort versteht.

(3) In der 6c soll beim Lesewettbewerb der Klassensieger ermittelt werden.
Bevor Ilona und Olaf mit dem Lesen beginnen, stelllen sie ihre Bücher vor.

> **Text A (Olaf):**
> Mein Text handelt von einem Jungen und einem Mädchen. Die werden mit allem fertig, sage ich euch. Die müssen sich allein zurechtfinden – und das im Winter. Dann ist da noch Miß Pauline, die Stiefmutter von dem Mädchen, die finde ich blöd. Aber der Indianer, der gefällt mir. Also, ich lese jetzt vor …
>
> **Text B (Ilona):**
> Ich lese einen Abschnitt aus der Erzählung „Geht's uns was an?“ von Volker W. Degener. Die Erzählung spielt in unserer Zeit. Sie handelt von der schwierigen Freundschaft zwischen zwei Jungen, die im gleichen Hochhaus wohnen. Ich lese euch die erste Begegnung zwischen den beiden vor.

Wem gelingt es am besten, die Zuhörer über den Vorlesetext zu informieren?

[4] Berichtet über ein Buch, das ihr in letzter Zeit gelesen habt oder das ihr euren Mitschülern zum Lesen empfehlen wollt.

(5) Lest den Zeitungsbericht über einen Lesewettbewerb durch, und beantwortet die folgenden Fragen:

a) Welche Bücher sind genannt, aus denen vorgelesen wurde?
b) Wie viele Mädchen und Jungen waren an der Entscheidung beteiligt?
c) Worauf kommt es beim Vorlesewettbewerb an?
d) Wer hat die Siegerehrung vorgenommen?

Wettbewerb im Angermünder Kreishaus

Britta Schröder (Greiffenberg) las „Ronja Räubertochter“

Sieger auf Kreisebene wurde Christiane Gräb mit Brüder Löwenherz

ANGERMÜNDE (ps) – Christiane Gräb aus der Schiller-Schule in Schwedt mit einem Text aus Astrid Lindgrens „Die Brüder Löwenherz“ sicherte sich beim Vorlesewettbewerb des Börsenvereins des Deutschen Buchhandels den ersten Platz auf Kreisebene. Die Plätze zwei und drei belegten Maxie Karius aus Fredersdorf (Kirsten Boie „Paula ist ein Glücksgriff“) und Britta Schröder aus Greiffenberg (Astrid Lindgren „Ronja Räubertochter“). 13 Kinder waren an der Entscheidung im Sitzungssaal des Angermünder Kreishauses beteiligt. Zuvor hatten sie sich als Schulsieger im Landkreis qualifiziert. Ausrichter auf Kreisebene war zum 21. Mal die Kreisbücherei des Landkreises Angermünde, hieß es im Landkreis-Pressedienst.

Der Börsenverein des Deutschen Buchhandels schreibt den Vorlesewettbewerb alljährlich für die fünften und sechsten Klassen im Bundesgebiet aus. Die Schulsieger „erlesen“ den Gewinner auf Kreisebene, und über die Bezirks- und Landesentscheide geht es zum Bundesentscheid am 8. Juni in Frankfurt.

Beim Vorlesewettbewerb geht es nicht um das Beherrschen perfekter Lesetechniken, sondern vielmehr um die Freude am Umgang mit Büchern, die Auseinandersetzung mit Inhalten und die Fähigkeit, durch das Vorlesen diese Inhalte den Zuhörern zu vermitteln. Die Freude am Lesen soll auch beim Vorlesen deutlich werden und sich auf die Zuhörer übertragen.

Besonders darauf hatte die Jury, bestehend aus Margarete Ehlgötz, Monika Preuß, Kerstin Knuth, Horst Rosetz und Friedel Bornemann, im Angermünder Kreishaus also zu achten. Neben dem Wunschtext als Kür galt es für die zehn Mädchen und drei Jungen auch noch, einen ihnen unbekannten Text aus „Der Sommer hat Eselsohren“ von Iva Procházková als Pflicht zu bewältigen.

Alle Kinder, die zum Vorlesen in den Sitzungssaal des Kreishauses gekommen waren, erhielten ein Buchgeschenk. Die Siegerehrung oblag Kreisdirektor Irnfried Rabe, der ebenfalls aufmerksam zugehört hatte.

6 Ihr seid Redakteure an einer überregionalen Zeitung und habt die Aufgabe, aufgrund dieses Berichtes eine kurze Meldung (ca. 10 Zeilen, pro Zeile 30 Buchstaben) zu verfassen.

a) Welche Teile aus dem ausführlichen Zeitungsbericht würdet ihr weglassen?
b) Nehmt die W-Fragen zu Hilfe, und schreibt die kurze Meldung.
c) Vergleicht eure Texte mit dem Zeitungsbericht, und stellt die Unterschiede fest.

(7) Miriam besucht die 6. Klasse. Sie hat am Lesewettbewerb teilgenommen und ist sogar Siegerin auf Stadtebene geworden.
Sie unterhält sich mit Tobias und Silvana, die Redakteure der Schülerzeitung „Flüstertüte“ sind; beide wollen über dieses Ereignis in der nächsten Ausgabe einen Bericht schreiben.

(1) Beim Vorlesen der Schulsieger war ich ganz schön aufgeregt. (2) Im großen Sitzungssaal saßen viele Leute. (3) Ich kannte die wenigsten von ihnen. (4) Jeder, der seinen Wahltext vorlas, wurde geknipst. (5) Ich habe aus „Emil und die Detektive“ vorgelesen. (6) Zuerst zitterte meine Stimme, glaube ich. (7) Später entdeckte ich unter den Zuhörern meinen Deutschlehrer, und ich wurde wieder ruhiger. (8) Nach der Pause mußten wir aus einem fremden Text vorlesen. (9) Ich denke, ich habe mich nur einmal versprochen. (10) Unter den 22 Schülern habe ich den 1. Platz belegt. (11) Wir bekamen alle ein Buchgeschenk mit nach Hause.

Welche Aussagen lassen sich für einen Bericht über den Vorlesewettbewerb verwenden? Warum sind manche Sätze dafür nicht geeignet?

[8] Tobias und Silvana sind dabei, einen Bericht über Miriams Sieg zu schreiben. Und soweit sind sie gekommen:

Miriam war super!
Unsere Schulsiegerin, Miriam Frenzel aus der 6.4, hat sich auf Stadtebene tapfer geschlagen. Sie mußte sich unter 22 Schulsiegern behaupten ...

Schreibt diesen Bericht zu Ende.

Berichte informieren in geordneter Reihenfolge über ein Ereignis. Sie sind sachlich geschrieben und geben Antworten auf die W-Fragen (Wann? Was? Wie? Wo? Wer?). Berichte stehen im Präteritum.

Zum Üben und Wiederholen

(1) Schreibt zu dem Bild einen Bericht mit der Schlagzeile „Fußballspiel mußte unterbrochen werden".

(2) Ihr könnt auch anschließend eine Erlebniserzählung in der Ich-Form aus der Sicht eines Beteiligten (Spieler, Schiedsrichter, Zuschauer) schreiben.

(3) Schreibt einen kurzen Bericht über ein besonderes Ereignis an eurer Schule (Schulfest, Projektwoche).
Stellt euch gegenseitig diese Berichte vor.

[4] Vergleicht Berichte zum gleichen Thema aus verschiedenen Zeitungen miteinander, und sprecht darüber.

S9 Printmedien

Zeitungen

① Jeder von euch sollte eine Zeitung mitbringen.
   a) Vergleicht eure Zeitungen in Gruppen.
   b) Sprecht darüber, wie ihr Zeitung lest:
      Was lest ihr am liebsten?
      Wie lange lest ihr eure Zeitung?
      An welcher Stelle fangt ihr an zu lesen?

② Sicher habt ihr festgestellt, daß jeder die Zeitung auf andere Weise liest.
Dem solltet ihr einmal genauer nachgehen.
   a) Befragt eure Mitschüler, Eltern, Bekannten und Freunde, und benutzt dazu einen Fragebogen. Er könnte z.B. so aussehen:

Fragebogen	Schüler	Erwachsene
Anzahl der Befragten	~~////~~	///
1. Wie oft liest du Zeitung?		
– täglich	///	//
– manchmal	/	/
– gar nicht	/	
2. Wann liest du die Zeitung?		
– morgens	//	//
– mittags	///	
– abends		/
3. Was interessiert dich am meisten?		
– Politik	//	/
– Sport		
– Lokalnachrichten	//	/
– Nachrichten aus aller Welt		
– Kultur		/
– Wetterbericht	/	
– Fernsehprogramm		
– Filmprogramm		
– Anzeigen		
– Leserbriefe		

b) Ergänzt und verändert den Fragebogen nach euren Vorstellungen.
c) Führt die Befragung durch, und kennzeichnet die jeweilige Antwort mit einem senkrechten Strich. Viel Spaß dabei!

③ Wertet nun die Befragung gemeinsam aus:
- Wie sieht das Ergebnis zu den einzelnen Fragen aus?
- Welche Unterschiede gibt es dabei zwischen Schülern und Erwachsenen?

④ Zeitungen informieren über verschiedene Sachgebiete (Ressorts), z. B. über

Wirtschaft | Lokales | Politik | Aus aller Welt | Kultur | Sport

Untersucht eure mitgebrachten Zeitungen danach, wo die Artikel zu den genannten Sachgebieten stehen. Haben sie einen festen Platz in der Zeitung?

⑤ Ordnet die folgenden Schlagzeilen den verschiedenen Sachgebieten zu.

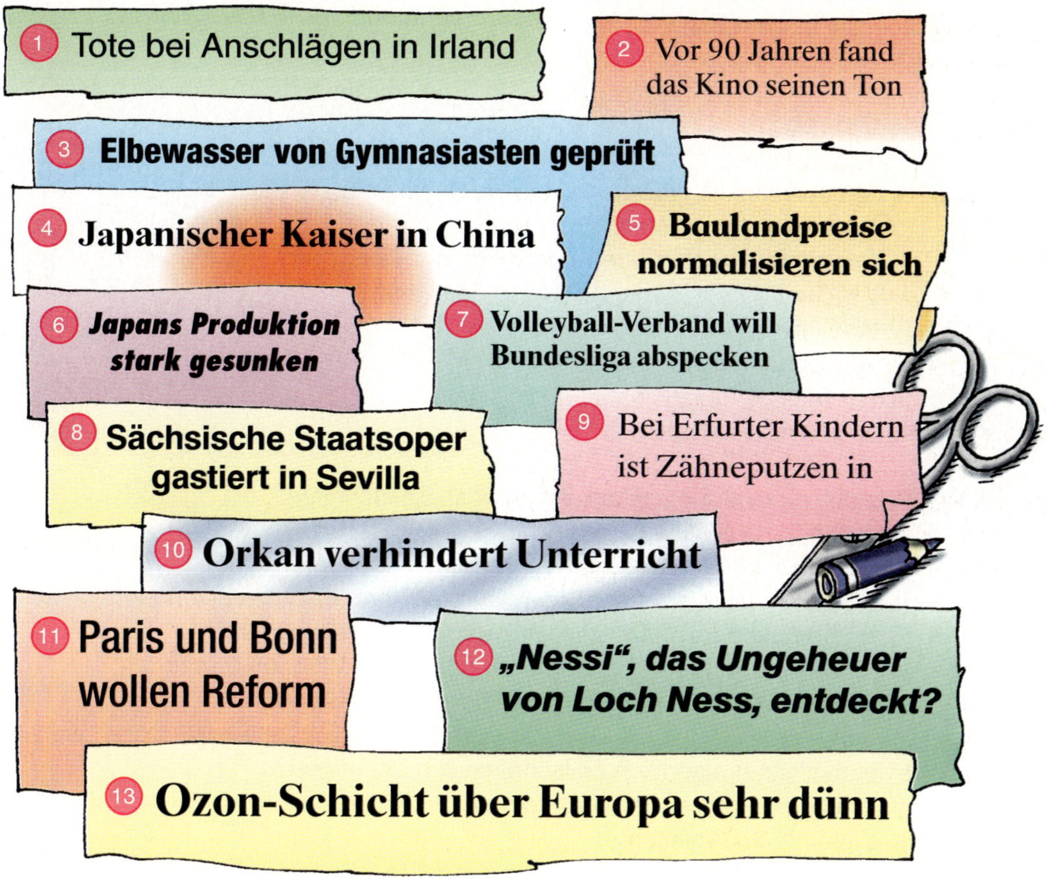

⑥ So sieht die Aufmachung eines Zeitungsartikels sehr häufig aus:

Schlagzeile/ Überschrift →

Unterüberschrift →

Text →

Igel beim Überwintern helfen

Im Zweifelsfall den Rat eines Tierarztes einholen

Schwarze Knopfaugen, wehrhaftes Kleid - bei vielen Gartenbesitzern sind schädlingsvertilgende Igel gern gesehene Gäste. Um den Stacheltieren beim Überwintern helfen zu können, sind einige wichtige Tips zu beachten. Igel fressen sich vor Wintereinbruch ein Fettpolster an, vor allem Jungigel, die bei Winterbeginn unter 500 Gramm wiegen, brauchen unsere Hilfe. Im Zweifelsfall sollte man den Rat eines Tierarztes einholen. Igel dürfen nicht mit Milch gefüttert werden, da diese tödliche Darmentzündungen hervorrufen kann. Ideales Futter ist ungewürztes Rührei, Erdnußbruch, Hunde- oder Katzenfutter oder ungeschwefelte Rosinen. Gesunde Igel sollte man sofort wieder freilassen. Laub- oder Reisighaufen, die schon einige Zeit aufgeschichtet sind, nicht ohne weiteres verbrennen. Oft haben sich Igel für den Winter dort einquartiert. Igel stehen ganzjährig unter Naturschutz und dürfen nur mit nach Hause genommen werden, wenn sie krank oder verletzt sind.

a) Welche Aufgabe haben Schlagzeile und Unterüberschrift?
b) Untersucht, welchen Aufbau die Artikel in eurer Zeitung haben.

7 Bringt aus einer Tageszeitung ausgeschnittene Artikel (ohne Schlagzeile) mit. Tauscht sie gegenseitig aus, und stellt zu den Texten die Schlagzeilen her.

Zeitschriften

① a) Bringe deine Lieblingszeitschrift in die Schule mit, und stelle sie deinen Mitschülern vor:
- An welche Lesergruppe wendet sich die Zeitschrift?
- Welche Themen behandelt diese Zeitschrift?
- Was interessiert dich besonders?
- Was spricht dich in der Zeitschrift an?

b) Fertigt eine Schautafel mit den Titelseiten eurer Lieblingszeitschrift an.

② a) Ermittelt an einem Kiosk das Angebot an Zeitschriften. Schreibt die Titel der Zeitschriften auf.
b) Welche Zeitschriften wenden sich an bestimmte Lesergruppen (z.B. Frauen, Männer, Jugendliche)? Woran kann man das erkennen?
c) Einen bedeutenden Marktanteil haben die Fachzeitschriften. Welchen Themenbereichen (Sport, Mode, Tiere, Wohnen, Essen ...) können die von euch erfaßten Titel zugeordnet werden?

③ Was unterscheidet eigentlich Zeitschriften von Zeitungen? Vergleicht beide Printmedien nach folgenden Gesichtspunkten: Leserkreis, Inhalt, Gestaltung.

4 a) Was haltet ihr von der Idee, eine Wochenzeitung für eure Klasse zu gestalten? In jeder Woche könnten drei andere Schüler die Redaktion eures Wochenblatts übernehmen und über Ereignisse in eurer Klasse und darüber hinaus informieren.

DAS Wochenblatt der 6b

Looping

Redaktion:
Paul Schulze
Lena Blaum
Tim Meyer

Eröffnung der Faschingszeit an unserer Schule

Die Schulleitung hatte beschlossen, am Montag den Unterricht nach der vierten Stunde zu beenden. Dann stieg eine Faschings-Schüler-Disco, zu der nur die Eintritt hatten, die kostümiert waren. Die Kostüme unserer Klasse konnten sich sehen lassen. Robert war sogar mit einer echten chinesischen Affenkönigsmaske erschienen. Auch unser Klassenlehrer, Herr Balzer, durfte hinein: Als Pop-Star verkleidet, war er nicht wiederzuerkennen.

Happy Birthday

- Frank Felber: 12. 02.
- Christiane Kloth: 14. 02.

Alles Gute euch beiden!

BLICK VORAUS

Am 18. 02. findet endlich das mehrmals verschobene Volleyballspiel 6a gegen 6b statt. Anpfiff: 14.30 in der Turnhalle. Fans sind willkommen!

Witz der Woche

„Herr Müller“, fragt Daniel den Klassenlehrer, „kann man für etwas bestraft werden, was man nicht getan hat?“ – „Natürlich nicht. Das wäre ungerecht.“ – „Klasse. Ich hab nämlich meine Hausaufgaben nicht gemacht.“

Das Wetter:

In dieser Woche ist oft mit Regen zu rechnen. Also, an Regenschirm oder Regenkleidung denken!
Besonders unangenehm:
der starke Wind!
Allerdings zwickt der Frost nicht mehr: 5 - 8° C.

INHALT DIESER WOCHE

Leserbriefe

Fast in jeder Zeitung und Zeitschrift gibt es eine Rubrik „Leserbriefe". Hier haben Leserinnen und Leser die Möglichkeit, ihre Meinung zu veröffentlichen und diese einem großen Publikum kundzutun. Leserbriefe sind daher ein wichtiges Mittel im demokratischen Meinungsbildungsprozeß. Eine ähnliche Aufgabe hat der **offene Brief**, in dem sich die Bürger an Politiker wenden und durch die Veröffentlichung in der Zeitung ihrem Anliegen Nachdruck verleihen.

① Untersucht einmal in einer Zeitung oder Zeitschrift die Rubrik „Leserbriefe".
a) Zu welchen Themen äußern sich die Leserinnen oder Leser?
b) Inwieweit nehmen die Leserbriefe zu bestimmten Problemen zustimmend oder ablehnend Stellung?

②

Wandertag - der Fährhafen wird gestürmt

Wandertage waren in meiner Kindheit Höhepunkte und eine willkommene Abwechslung im manchmal eintönigen Schulalltag. Ich erinnere mich, mit welcher Freude und Dankbarkeit wir unsere Heimat durchstreiften, mit unseren Lehrern die Natur beobachteten und den Tag so richtig auskosteten. Sind unsere Schulkinder heute anders? Diese Frage drängt sich mir nach einem Erlebnis im Lübbenauer Fährhafen auf. Mit meiner Frau wollte ich unseren Spreewaldbesuch mit einer romantischen Kahnfahrt ausklingen lassen.
Da hörten wir von ferne ein Gebrüll und Geschimpfe, und eine Schulklasse wälzte sich heran. Schreiend und schubsend ging es vorwärts, andere Personen wurden angerempelt, von Entschuldigung keine Spur. Die Gespräche zwischen den jungen Leuten enthielten Wörter, die man hier nicht wiedergeben kann. Von ihrem Lehrer nahmen die 12- bis 13jährigen kaum Notiz. Im Gegenteil, als er ihnen erläuterte, daß man auf den Beginn der Kahnfahrt noch etwas warten müsse, begannen weitere Unmutsäußerungen: langweilig, lieber Videos ansehen, schon hier gewesen, ja, wenn es die Alpen wären. Und dann begann der Sturm auf die Kioske ... Für mich war dies wieder ein Beispiel dafür, daß unsere Jugend heute sehr undiszipliniert und undankbar ist. Hier haben Eltern und Schule versagt.

Oswald Richter, Rentner, 67 Jahre, Berlin

③ a) Was hältst du von dem Geschehen, das Herr Richter kritisiert?
b) Entwerft einen Leserbrief als Antwort eurer Klasse an Herrn Richter. Leserbriefe haben eine größere Chance, veröffentlicht zu werden, wenn sie kurzgefaßt sind.

[4] Äußere in einem Leserbrief deine Meinung zu einem Thema wie:
- Sollten Schüler mit Fahrrädern auf dem Fußweg fahren dürfen?
- Gefährden Skateboards Fußgänger?
- Sollten Walkmen in der Schule erlaubt sein?
- Sollten Kinder bei der Hausarbeit mithelfen?

G10 Satzglieder

Wiederholung: Subjekt, Prädikat, Objekt

Comic-Fans | verdanken | dem Zeichner Walt Disney | den berühmten Donald Duck .

Den berühmten Donald Duck | verdanken | Comic-Fans | dem Zeichner Walt Disney .

① Sicherlich weißt du noch, daß Sätze aus Satzgliedern bestehen, die aus einem Wort oder aus mehreren zusammenhängenden Wörtern gebildet werden können.
Mache mit dem Beispielsatz weitere Umstellproben.

② Die Beispielsätze bestehen aus vier Satzgliedern, nämlich dem Subjekt, dem Prädikat, dem Dativ- und dem Akkusativobjekt.
Vielleicht erinnerst du dich:
Das **Subjekt** wird mit der Frage „Wer oder was (+ Prädikat)?“ ermittelt.
Das **Prädikat** wird durch Verben gebildet und teilt uns z.B. mit, was geschieht oder was gemacht wird.
Für das **Dativobjekt** kannst du die Frage „Wem (+ Prädikat)?“ für das **Akkusativobjekt** die Frage „Wen oder was (+ Prädikat)?” einsetzen.
Bestimmt kannst du jetzt die Satzglieder in den Beispielsätzen benennen.

③ Weißt du noch, welche Stellung das Prädikat in Aussagesätzen und welche es in Fragesätzen einnimmt?

④ Hier stimmt etwas nicht!

(1) Gestern aßen wir Knochen und Pansen.
(2) Zum Nachtisch spendierte uns Mutter ihren Mittagsschlaf.
(3) Unsere Hunde erhielten einen saftigen Rinderbraten.
(4) Sie mögen besonders gern ihr Schmatzen.
(5) Wir hörten durch das geöffnete Fenster leckeres Fressen.
(6) Danach hielten sie müde und satt ein Eis.

a) In den Sätzen sind die Objekte vertauscht worden.
Schreibe die Sätze mit den passenden Objekten in dein Heft.
b) Unterstreiche in deinem Heft die Subjekte rot, die Prädikate blau.

5

Straßen-Züge

In Australien fahren die größten, schwersten und stärksten Lastwagen der Welt. Es sind die sogenannten „Road-Trains“. Beim ersten Anblick verschlägt es einem Betrachter die Sprache, wenn er die bis zu 50 Meter langen Ungetüme sieht. Diese gigantischen Fahrzeuge ziehen drei Anhänger und haben einen enormen Treibstoffverbrauch. Australien ist ein riesiger Kontinent, jedoch besitzt es nur ein dünnes Eisenbahnnetz. Daher bringen die Road-Trains den Bewohnern die nötigen Verbrauchsgüter. Die Straßen sind unglaublich lang. So müssen die Lastwagenfahrer auf ihrem Weg vom Norden zum Süden des Landes auf dem Stuart Highway 3000 Kilometer zurücklegen.

a) Lege dir in deinem Heft eine Tabelle an,
und ordne die markierten Satzglieder in die Tabelle ein.

Subjekt	Prädikat	Dativobjekt	Akkusativobjekt
?	fahren	?	?

b) Du findest in dem Text noch weitere Satzglieder,
die du in die Tabelle einordnen kannst.

Präpositionales Objekt

Manche Objekte werden mit einer Präposition gebildet; sie heißen daher **präpositionale Objekte**:

Echte Comic-Fans träumen von dem berühmten Donald Duck.
Selbst Erwachsene denken noch gern an ihre Comic-Zeit.
Die Frage nach dem präpositionalen Objekt wird immer mit der Präposition gebildet, die zum Objekt gehört:
„Von wem oder was träumen Comic-Fans?“,
„An wen oder was denken Erwachsene?“.

1 **Kleines Ernährungslexikon**

(1) Über euren „Magenfahrplan“ solltet ihr mitentscheiden.
(2) Stets müßt ihr auf vitaminreiche Kost achten.
(3) Denkt daher immer an Obst, Gemüse und Vollkornprodukte, wenn ihr eure Ernährung zusammenstellt.
(4) Auf Bonbons und Schokolade solltet ihr häufiger verzichten.
(5) Verzieht nicht das Gesicht, wenn es in der Küche nach Möhren, Kohlrabi oder Kraut riecht.
(6) Zu eurem täglichen Speiseplan sollten natürlich auch Milch- und Quarkspeisen gehören.

Schreibt alle präpositionalen Objekte nach folgendem Muster heraus:
(1) *mitentscheiden über euren „Magenfahrplan“.*

2 a) Bilde Sätze mit den folgenden Verben, und schreibe sie auf.
b) Unterstreiche in den Sätzen die präpositionalen Objekte.
warnen vor ..., achten auf ..., verstoßen gegen ..., sorgen für ..., aufhören mit ..., sich aufregen über ..., abhängen von ..., suchen nach ...

3

Polizei taute Dieb auf

MOSKAU, 29. November (dpa)
Nicht lange mußte die Polizei nach einem Hosendieb in St. Petersburg fahnden. Das Regionalfernsehen berichtete über einen Mann, der bei Bekannten eine tropfnasse Jeans gestohlen und sie angezogen hatte. Aufgrund der bitteren Kälte konnte der Dieb sich nicht lange über seine Beute freuen. Da er ein längeres Stück laufen mußte, gefror die Hose, so daß er keinen Schritt mehr tun konnte. Passanten, die sich über den steifen Mann wunderten, benachrichtigten die Polizei. Der Mann stand zu seiner Tat, wurde ins Warme getragen, aufgetaut und festgenommen.

Bestimme alle Objekte in diesem Text.
Findest du auch die fünf präpositionalen Objekte?

Verbales und nominales Prädikat

1 (1) Jeder kennt Mickey Mouse.
(2) Walt Disney war sein Erfinder.
(3) Später wurde er auch ein bekannter Filmregisseur.
(4) Seine Comic-Figuren sind in der ganzen Welt berühmt.

Im Satz (1) findest du ein verbales Prädikat.
Aus welchen zwei Teilen, bestehen die Prädikate
in den Sätzen (2), (3), (4)?

Prädikate, die durch Verben gebildet werden, nennen wir **verbale Prädikate:**
Wir gewinnen das Spiel. Wir haben das Spiel gewonnen.
Wir müssen das Spiel gewinnen.
Prädikate, die aus einer Form von *sein* oder *werden* und einem **Prädikatsnomen** (Nomen oder Adjektiv) bestehen, nennen wir **nominale Prädikate:**

Meine Mutter ist Verkäuferin.	(Prädikatsnomen = Nomen)
Peter wird Tischler.	(Prädikatsnomen = Nomen)
Die Stimmung war gut.	(Prädikatsnomen = Adjektiv)

2 **Aus der Geschichte von Görlitz**

(1) Die Stadt Görlitz liegt an der deutsch-polnischen Grenze. (2) Sie ist über 900 Jahre alt. (3) Im 14. Jahrhundert war Görlitz ein wichtiges Zentrum der Tuchmacherei. (4) 1346 wurde Görlitz neben Bautzen, Zittau, Lauban, Löbau und Kamenz Mitglied des Sechsstädtebundes. (5) Eines der schönsten Gebäude der Stadt ist der Schönhof. (6) Er gehört zu den ältesten Frührenaissancegebäuden Deutschlands. (7) Im Laufe seiner Geschichte wurde Görlitz eine Stadt der Türme. (8) Heute ist die Erhaltung der mittelalterlichen Bauwerke eine wichtige Aufgabe der Stadt.

a) Welche Sätze enthalten ein verbales Prädikat, welche ein nominales Prädikat?
b) Nenne die Bestandteile der nominalen Prädikate (*sein* oder *werden* und das Prädikatsnomen).

3 Im Text *Straßen-Züge* (S. 70) sind auch drei nominale Prädikate enthalten. Suche sie heraus.

4 Bilde mit folgenden Wörtern Sätze mit Prädikatsnomen:
fröhlicher Mensch / lustig und zufrieden /
großzügig / armer Teufel / Maulheld.

Adverbiale des Ortes und der Zeit

Neben Subjekt, Prädikat und Objekten gibt es eine vierte Sorte von Satzgliedern: **die Adverbiale (adverbiale Bestimmungen)**. Sie geben uns Auskunft über den Ort oder die Zeit eines Geschehens. Auf die Fragen „Wann? Seit wann? Wie lange?" antworten **Adverbiale der Zeit**, auf die Fragen „Wo? Wohin?" geben **Adverbiale des Ortes** Auskunft. Adverbiale können aus Wörtern ganz verschiedener Wortarten bestehen.

① Überprüfe durch Umstellproben, ob Adverbiale auch an verschiedenen Stellen im Satz stehen können.

(1) Wir schauten (wann?) *gestern* ein Fußballspiel an.
(2) Die Stürmer des SC Kickershausen waren (wo?) *in der Hälfte des FC Stoppelhopser.*
(3) Ihr Mittelstürmer schnippelte den Ball (wohin?) *in das gegnerische Tor.*

② Schreibe die Adverbiale des folgenden Textes in dein Heft, und setze wie in den Sätzen von Aufgabe ① vor die Adverbiale das treffende Fragewort. Es sind vier Adverbiale der Zeit und vier Adverbiale des Ortes.
(Wann?) kurz vor der Pause

(1) Kurz vor der Pause wurde der Rechtsaußen der Stoppelhopser im Strafraum gefoult. (2) Den fälligen Strafstoß schoß er an die Torlatte. (3) In der zweiten Halbzeit blieben die Spieler des FC weiterhin ohne Torglück. (4) Ihnen gelang vor dem gegnerischen Tor kein erfolgreicher Angriff. (5) Abends mußten sie mit einer Niederlage nach Hause fahren. (6) Vielleicht haben sie in der nächsten Woche mehr Glück.

③ Die Adverbiale des Ortes stehen manchmal im **Dativ** (das Kind sitzt auf *dem* Stuhl), manchmal im **Akkusativ** (das Kind setzt sich auf *den* Stuhl).
Übe den richtigen Gebrauch, indem du Sätze bildest:

Wo?	
sitzt	an der Wand
hängt	auf dem Tisch
liegt	unter dem Bett
steht	in der Schublade
befindet sich	in dem Sessel

Wohin?	
setzt sich	auf den Baum
klettert	über den Hof
flüchtet	in den Sessel
legt sich	über die Straße
rennt	auf den Teppich

④ In diesen Sätzen fehlen die Adverbiale des Ortes und der Zeit.

(1) Ein riesiges Containerschiff liegt (?).
(2) Autounfälle mit Wildschaden ereignen sich vor allem (?).
(3) (?) verlassen viele Zugvögel unser Land, um (?) zu fliegen.
(4) Über 1000 Tiere gibt es (?).
(5) Es dauert (?), dann ist der Bandseeadler so groß wie ein Huhn.
(6) Immer mehr Einbrecher steigen (?) (?) ein.

in Häuser   nach Süden   im Spätsommer   im Greifswalder Hafen   vier Wochen   am Tage   im Tierpark Berlin   nachts

Ordne diese Adverbiale den Sätzen zu. Bestimme die Adverbiale.

5

Der Normannensturm

Am 8. Juni 793 landeten Schiffe mit hochgezogenem Bug und Heck und großen, quergestellten Segeln an der Küste Englands. Auf der Klosterinsel Lindisfarne kam es zum ersten Überfall der „Nordmannen“ oder „Normannen“ auf europäische Nachbarstaaten. Zwei Jahrhunderte lang dauerte der kriegerische Sturm dieser wilden Gesellen. Im heutigen Skandinavien war ihre Heimat. Bis nach Spanien und Italien unternahmen sie mit ihren „Seedrachen“ Plünderfahrten. Nachdem sie in Mittelengland und an der Nordküste Frankreichs seßhaft geworden waren, endete der Normannensturm im 10. Jahrhundert.

In diesem Text sollst du nun die fünf Adverbiale des Ortes und die drei Adverbiale der Zeit selbst heraussuchen.

Adverbiale des Ortes (Wo? Wohin?)	Adverbiale der Zeit (Wann? Wie lange?)
an der Küste Englands	?

Adverbiale der Art und Weise und Adverbiale des Grundes

Außer den Adverbialen des Ortes und der Zeit gibt es noch einige weitere. Besonders häufig sind die, die Antwort auf das Fragewort „Wie?“ geben. Man nennt sie **Adverbiale der Art und Weise**.
Angaben, die mit „Warum? Weshalb?“ erfragt werden, nennt man **Adverbiale des Grundes**.

Ihm geht es heute sehr gut.

Der Sänger kann vor Heiserkeit nicht singen.

(1) Findest du auch in den folgenden Beispielsätzen die Adverbiale der Art und Weise und des Grundes?

(1) Gespannt starrten die Zuschauer auf den Tennisplatz.
(2) Zwischen den Spielerinnen sauste der Ball blitzschnell hin und her.
(3) Das Spiel fand wegen des Regens am Abend statt.
(4) Die kleine Außenseiterin kämpfte wie eine Löwin.
(5) Beim Spielbeginn hatte sie vor Aufregung gezittert.
(6) Die Favoritin schlug den Ball vor Wut ins Netz.

[2] In den Sätzen gibt es auch Adverbiale der Zeit und des Ortes. Suche sie heraus.

(3) Lies dir den folgenden Lückentext durch. Schreibe den Text dann ab, und setze passende Adverbiale ein. Sie können aus einem Wort oder aus mehreren Wörtern bestehen.

Olaf, der Pechvogel

(wie?) wartet die Klasse 6 a (wann?) auf das Eintreffen des Busses. Er soll sie (wohin?) bringen. (wie lange?) haben sie auf diesen Tag gewartet. (wann?) haben sie mit der Planung und Vorbereitung der Klassenfahrt begonnen. Leider kann Olaf, der Klassensprecher, (warum?) nicht an der Fahrt teilnehmen. Er steht (wie?) (wo?) und winkt den Klassenkameraden bei der Abfahrt zu. Warum mußte das Mißgeschick auch gerade (wann?) passieren? Er hätte so gern wieder (wo?) geschlafen. Ob Jürgen wohl dieses Mal erneut (wie?) schnarchen würde? Und ob seine Freunde den Lehrern (wann?) auch Streiche spielen würden? (wann?) wird er wohl mehr wissen.

④

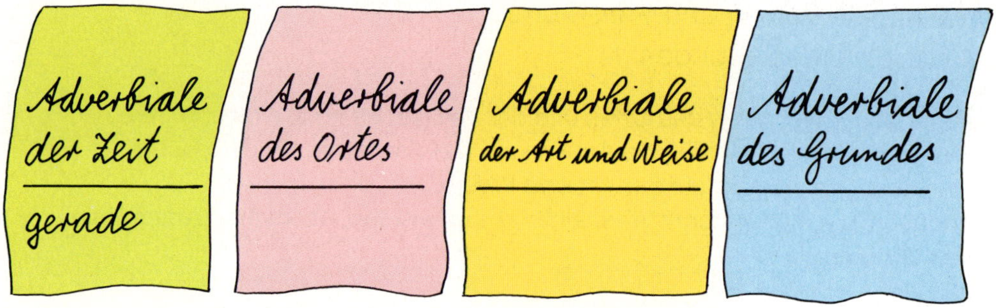

Nehmt euch wie im Beispiel für jedes Adverbial einen Zettel.
Sucht in den folgenden Beispielsätzen die Adverbiale,
übertragt sie auf den richtigen Zettel, und vergleicht eure Ergebnisse.

Was alles gleichzeitig passiert:

(1) Gerade niest ein Schüler laut in Italien.
(2) In Texas schlafen alle um diese Zeit.
(3) In Japan liegt ein Kind traurig wegen einer Erkältung im Bett.
(4) Und in Indien weint ein Kind leise vor Hunger.
(5) In Frankreich pustet ein Junge eben glücklich einen Luftballon auf.
(6) In dieser Sekunde bellt in Honolulu ein Hund vor Wut ziemlich laut.
(7) Und anderswo passiert in diesem Augenblick aus verschiedenen Gründen auch noch mancherlei.

⑤ Der folgende Text ist für Leser langweilig, weil die Adverbiale immer am Satzende stehen.

(1) Die Zoos locken besonders viele Zuschauer im Frühjahr an.
(2) Tiger, Löwen, Zebras und Gemsen werden in dieser Jahreszeit geboren.
(3) Viele große und kleine Besucher betrachten die Tiere neugierig.
(4) Auch vom Aussterben bedrohte Tiere kann man in den Tiergärten bewundern.
(5) Pfleger ziehen von ihren Müttern verstoßene Tiere mühsam groß.
(6) Einige Tiere werden bis nach China verkauft.

a) Schreibe den Text für einen Leser interessanter, indem du die Adverbiale umstellst.
b) In dem Text befinden sich sechs Adverbiale. Unterstreiche sie in deinem Heft, und bestimme sie.

Zum Üben und Wiederholen

① In den folgenden Sätzen gibt es insgesamt 15 Adverbiale.
Lege in deinem Heft eine Tabelle an,
und ordne die Adverbiale entsprechend ein.

(1) Nachts sind viele Tiere auf Feldern und Wiesen unterwegs.
(2) Hungrig suchen Wildschweine in der Dunkelheit auf den Wiesen Mäuse.
(3) Vorsichtig verlassen die Hirsche die Wälder.
(4) Diese Tiere sind aus Furcht vor den Menschen am Tage in den Wäldern.
(5) In Tierparks kann man sie auch am Tage bewundern.
(6) Dort kommen sie aus Neugierde manchmal bis an den Zaun.

Adverbiale der Zeit	Adverbiale des Ortes	Adverbiale der Art und Weise	Adverbiale des Grundes
nachts	?	?	?

② Lege in deinem Heft folgende Tabelle an,
und ordne die Satzglieder der Sätze (1) – (8) richtig ein.

Subjekt Wer oder was?	Prädikat 1. Teil	Objekte Wem? Wen oder was?	Adverbiale Wo? Wohin? Wann? Wie? Warum?	Prädikat 2. Teil
Wir	haben	einen kranken Igel	im Garten	gefunden.

(1) Wir haben einen kranken Igel im Garten gefunden.
(2) Wir brachten ihn zum Tierarzt.
(3) Der hat ihm sein Bein wegen der Verletzung sofort verbunden.
(4) Der Igel zitterte vor Angst am ganzen Körper.
(5) Wir haben dem kleinen Tier dann Futter gegeben.
(6) Es erholte sich schnell.
(7) Eines Tages war der Igel fort.
(8) Wir haben den Kleinen noch manchmal gesehen.

3 Bestimme in der Spalte der *Objekte* die Dativ- und die Akkusativobjekte.
Auch die Beispiele in der Spalte *Adverbiale* kannst du genauer benennen
(Adverbiale des Ortes, der Zeit, der Art und Weise, des Grundes).

4 Schreibt aus den Sätzen von Aufgabe ② eine zusammenhängende Geschichte.
In einigen Sätzen müßt ihr die Satzglieder umstellen.

⑤ In den folgenden Sätzen passen die unterstrichenen Adverbiale nicht. Ersetze diese Adverbiale durch die richtigen Ausdrücke, und bestimme die Adverbiale.

(1) In alten Schlössern spuken Gespenster am liebsten <u>in der Mittagszeit</u>.
(2) Kaninchen leben <u>in Baumwipfeln</u>.
(3) Gewinner eines Preisausschreibens springen häufig <u>vor Wut</u> <u>in den Keller</u>.
(4) <u>Begeistert</u> erledigten wir unsere Strafarbeiten.
(5) <u>Wegen eines Sonnenbrandes</u> klang die Stimme des Sängers sehr heiser.
(6) Die meisten Menschen arbeiten <u>in der Nacht</u>.

6 Stelle die folgenden Sätze so um, daß
– im ersten Satz das Subjekt am Satzanfang steht,
– im zweiten Satz das Adverbial der Zeit,
– im dritten Satz das Adverbial der Art und Weise,
– im vierten Satz das Adverbial des Ortes.

(1) Durch die Kurve kam zuerst der Fahrer des roten Sportwagens gefahren.
(2) Das Volleyballtraining der Mädchen beginnt um 18 Uhr.
(3) Nach dem 1000-m-Lauf ließen sie sich müde auf die Erde fallen.
(4) Das von der Polizei gesuchte Fahrzeug stand abends vor dem Theater.

7 Beantworte die in dem folgenden Text offengelassenen Fragen.
Schau dir dazu die Zeichnung genau an!
Setze die folgenden Antworten beim Abschreiben ein.
(Sie stehen durcheinander!)
Unterstreiche die Adverbiale.

ziemlich kurz / am Abend / zur Erde / schräg / am Horizont / in der Mittagszeit / rot / strahlend hell / wie durch ein Sieb / abends/ wegen des kurzen Weges

Warum sehen wir abends die Sonne rot?

Eine etwa 50 km dicke Luftschicht umhüllt die Erdkugel. ... (wann?) steht die Sonne fast senkrecht am Himmel. Der Weg durch die Lufthülle ist jetzt ... (wie?). ... (warum?) werden viele Sonnenstrahlen durchgelassen, und die Sonne sieht ... (wie?) aus. Am Abend steht die Sonne ... (wo?). Die Strahlen fallen dann ... (wie?) auf die Erde ein. Der Weg durch die Luftschicht ist nämlich ... (wann?) wesentlich länger. Die Lufthülle der Erde wirkt wie ein Filter. Viele Strahlen werden durch diesen Filter ... (wie?) abgehalten. Es gelangt nur noch das rote Licht ... (wohin?). Darum sehen wir ... (wann?) die Sonne ... (wie?).

G11 Attribute

Voran- und nachgestellte Attribute

① a) Sammelt an der Tafel 15 beliebige Wörter, die Nomen beigefügt werden können, wie *blau, dick, aufmerksam* usw.
Jeder schreibt sie dann in sein Heft. In welcher Reihenfolge das geschieht, bestimmt jeder selbst.
Numeriert die Wörter in eurem Heft von 1 bis 15 durch.

b) Lest euch gegenseitig den folgenden Text vor, und fügt beim Lesen eure Wörter der Reihe nach als Attribute den Nomen bei.

Der Tiger

Der Tiger ist eine (1) Raubkatze. Seine Heimat sind die (2) Wälder Indiens, Chinas und Sibiriens. Das (3) Fell hat eine (4) Farbe, es dient jedoch im (5) Licht des Dschungels der Anpassung an die Umgebung. Der Tiger lebt von (6) Beute; er frißt (7) Frösche, jagt die (8) Antilope und den (9) Büffel und verzehrt sogar (10) Beeren und Früchte. Leider gibt es heute nur noch (11) Tiger, die in der (12) Wildbahn anzutreffen sind. (13) Jäger haben die meisten der Tiere abgeschossen. In Indien gibt es heute deswegen ein (15) Jagdverbot für diese Raubkatze.

c) Warum müssen eure Texte komisch wirken?

② a) Wenn ihr einen sinnvollen Text über den Tiger schreiben wollt, dann setzt die folgenden Wörter sinnentsprechend als Attribute zu den einzelnen Wörtern ein.
Zu eurer Hilfe sind einige Attribute schon numeriert.

groß (1), dicht, hell (4), unterschiedlich, schnell, süß, frei, wertvoll, absolut (15), rücksichtslos, wenig, mächtig, glitschig, wechselnd (5), gestreift

b) Sprecht darüber, ob einige der 15 Attribute in dem Text weggelassen werden könnten, ohne daß sein Inhalt verändert wird.

Attribute (Beifügungen) bestimmen Nomen näher. Sie können dem Nomen voran- oder nachgestellt sein.

die folgende Meldung *die Meldung des Tages*

Attribute sind Satzgliedteile. Sie können im Satz nie für sich allein, sondern immer nur mit dem Satzglied insgesamt umgestellt werden.

Die gestreifte Mütze gefällt mir am besten.

Am besten gefällt mir die gestreifte Mütze.

Aber nicht: *Am besten gestreifte gefällt mir die Mütze.*

(3) Schreibe aus dem folgenden Text alle Attribute mit den Nomen heraus, die sie näher bestimmen. Ordne sie dabei danach, ob sie dem Nomen voran- oder nachgestellt sind.

Warum in die Ferne schweifen?

Das Zittauer Gebirge erstreckt sich nur auf einer kleinen Fläche. Dort kann man frohe Wandertage erleben. Beliebte Ziele sind die 793 m hohe Lausche und der Hochwald. Von hier bietet sich dem Wanderer das Panorama der nord-böhmischen Bergwelt. Eine Tour sollte in die Mühlsteinbrüche führen, denn dort sind die vielgestaltigen Sandsteinformationen zu entdecken. Zu erholsamen Spaziergängen laden u. a. die Ortsringwege Lückendorfs ein. Krönender Abschluß des Aufenthalts könnte der Besuch des Oybins sein.

(4) Alle folgenden Filmtitel enthalten Attribute. Ordne sie danach, ob sie ihrem Bezugswort voran- oder nachgestellt sind.

(1) Das Schweigen der Lämmer
(2) Nackte Kanone
(3) Der Rächer der Enterbten
(4) Murphys Gesetz
(5) Die glorreichen Zwei
(6) Das fliegende Auge
(7) Das Leben des Brian
(8) Der weiße Hai
(9) Die drei Musketiere
(10) Die Abenteuer des Odysseus

Präpositionale Attribute

Es gibt auch Attribute, die aus einer Präposition und einem Nomen bestehen:
Gestern unternahmen wir eine Fahrt mit dem Auto.
Sie werden **präpositionale Attribute** genannt und bestimmen wie alle Attribute ein Nomen näher:
Was für eine Fahrt unternahmen wir gestern? *eine Fahrt mit dem Auto*

1 a) Löse folgende zusammengesetzte Nomen auf, dann erhältst du ein Nomen, auf das sich ein präpositionales Attribut bezieht.
Bilde mit dieser Wortgruppe einen Satz.
Zugreise = Reise mit dem Zug
Die Reise mit dem Zug war für uns sehr erholsam.
Zugreise – Winterreise – Reiseandenken – Kartenspiel –
Aufsatzheft – Bücherregal – Gasheizung

b) Findest du weitere zusammengesetzte Nomen, aus denen du Wortgruppen mit einem präpositionalen Attribut bilden kannst?

2 Setze die präpositionalen Attribute sinnentsprechend in die Sätze ein.

aus meiner Klasse
aus Cottbus
an ihre alte Schule
auf unsere nächste Klassenfahrt
an der Oder
von Cottbus

(1) Yvonne ist eine Schülerin (…).
(2) Früher hat sie in der Nähe (…) gewohnt.
(3) Yvonnes Erinnerungen (…) sind noch frisch.
(4) Häufig spricht sie noch über ihre Freunde (…).
(5) Bei uns hat sie sich aber schon gut eingelebt,
denn sie ist bereits für die Vorbereitung (…) verantwortlich.
(6) Die Klassenfahrt soll nach Frankfurt (…) gehen.

3

a) Welche Attribute findest du in dieser Werbung?
b) Warum findet man gerade in Werbetexten viele Attribute?
c) Entwickle eine an Attributen reiche Werbung für ein Phantasieprodukt.

G 12 Wortarten – Wiederholung

Sicherlich erinnert ihr euch an einiges,
was ihr zu den Wortarten gelernt habt.
Vielleicht wißt ihr ja noch:

Affe, Schüler, Gesundheit und *Mut,*
das sind **Nomen**, die merkt man sich gut;

essen, lachen, bekleckern und *schalten,*
das sind die **Verben**, die kann man behalten;

lustig, witzig, fleißig und *wahr,*
die nennt man **Adjektive** – das ist doch klar;

der, die, das und ein und *eine,*
die heißen **Artikel** – weitere gibt es keine;

mein und *dein* und *wir, ihr, sie*
das sind **Pronomen** – das lerne ich nie;

gestern, heute, hier und *doch,*
auf und *ab* und *weil* und *noch,*
das sind die kleinen Wörter – nicht zu vermeiden!
Die lernen wir später zu unterscheiden.

Also wollen wir es schön langsam angehen lassen, damit ihr euch nach und nach die verschiedenen Wortarten merken könnt.

(1) Versucht doch einmal, die folgenden Wörter den euch bekannten Wortarten zuzuordnen. Drei Wörter könnt ihr noch nicht einordnen.

LÖWE	FINDEN	JETZT	ERKÄLTEN	ZEUGNIS
GRÜßEN	DRECKIG	LAUFEN	GESTERN	SONDERBAR
HEUTE	KIND	FRECH	VATER	IMMER

(2) Von *der Löwe* kann man die Form *die Löwen* bilden, von *frech* die Form *frecher* von *laufen* die Form *sie läuft.* Wenn ihr die Wörter im Kasten überprüft, findet ihr Wörter, die nur in ein und derselben Form vorkommen.

a) Welche Wörter bleiben unverändert?

b) Bei welchen Wortarten lassen sich die Wörter verändern?

3

Die Sprache im Land Phantasia

Ler	mucke	Arpe	pützt	feimens	rob	aut	lem	Staum.
Lie	mucken	Arpen	pützen	feimens	rob	aut	len	Stäumen.

Das versteht natürlich kein Mensch. Aber genauer anschauen kann man sich diese beiden Sätze mit den Phantasiewörtern schon. Diese Wörter bedeuten zwar nichts, doch sie haben die gleichen Merkmale wie die Wörter in einem richtigen deutschen Satz.
Man kann zum Beispiel folgendes entdecken:
- Es gibt Wörter, die in beiden Sätzen genau gleich sind;
- und es gibt andere, die in den beiden Sätzen ein bißchen anders aussehen.

a) Welche Wörter werden verändert?
b) Natürlich könnt ihr auch versuchen, den ersten Satz einmal zu übersetzen.
Ler heißt *der; lem* heißt *dem,* und *aut* heißt *auf.*
Alles andere könnt ihr selber ausphantasieren.
c) Hier ist eine mögliche „Übersetzung" des ersten Satzes.

Der dicke Affe sitzt meistens oben auf dem Baum.

Nun könnt ihr auch leicht den zweiten Satz übersetzen.
d) Entwickelt selbst einmal eine Phantasiesprache, und gebt sie eurem Nachbarn zum Enträtseln.

Alle Wörter lassen sich in zwei Gruppen einteilen:

Es gibt Wörter in unserer Sprache, die in der **Einzahl** (Singular) und in der **Mehrzahl** (Plural) stehen können.
Diese Wörter kann man „beugen".
Zu ihnen gehören:
Nomen, Artikel,
Verben, Adjektive und
Pronomen.

Es gibt Wörter, die immer nur in derselben Form vorkommen.
Diese Wörter kann man nicht „beugen". Sie gehören zu den anderen Wortarten der kleinen Wörter:
Adverbien,
Präpositionen,
Konjunktionen.

G 13 Verben

Finite und infinite Verbformen

GRÜNER SALAT
DEN KÜCHENTISCH MIT EINER ZEITUNG ANMACHEN.
DEN FRISCHEN SALATKOPF AUF DIE ZEITUNG WASCHEN.
DIE SALATBLÄTTER VOM SALATKOPF LEGEN.
SIE DANACH IN KALTEM WASSER LÖSEN.
DIE GROßEN BLÄTTER BEDECKEN.
DEN SALAT MIT ZWIEBELN, ÖL, ESSIG, ZUCKER UND SALZ ZERKLEINERN.

(1) a) Berichtige den Unsinntext, indem du die Verben richtig zuordnest.
b) Schreibt in Gruppen den richtigen Text auf verschiedene Arten auf:
- in der Du-Form: Du bedeckst den Küchentisch mit einer Zeitung ...
- in der Aufforderungsform: Bedecke den Küchentisch ...
- in der Erzählform mit „ich“: Ich habe den Küchentisch ...

c) Lest euch die verschiedenen Texte gegenseitig vor.
Gibt es eine Form, die euch besonders gut gefällt?

Verben bezeichnen Handlungen (wie *waschen*) oder Vorgänge (wie *regnen*).
Es gibt **finite Formen** (Personalformen) des Verbs wie *ich gebe, du bist gelaufen, wir lachten.*
Daneben gibt es auch **infinite Formen** des Verbs:

– **Infinitiv**:	*geben, laufen, lachen*	
– **Partizip I**:	*gebend, laufend, lachend*	(Infinitiv + *-d*)
– **Partizip II**:	*gegeben, gelaufen*	(*ge-* + Stamm + *-en*)
	gelacht, gemacht	(*ge-* + Stamm + *-t*)

(2) Schreibe die Tabelle in dein Heft, und ergänze sie.

Infinitiv	Partizip I	Partizip II
kommen	kommend	gekommen
...	passend	...
...	...	gesungen
verletzen	...	...
...	...	zerrissen
...	fragend	...
begeistern	...	...
...	überraschend	...

③ Setze das Partizip I oder das Partizip II ein.

(1) Der Lehrer schüttelte (ablehnen) den Kopf.
(2) Die Kinder unterhielten sich (anregen) in der Pause.
(3) (spannen) warteten die Zuschauer auf den ersten Fahrer.
(4) Frau Rudolph schimpfte mit (aufregen) Stimme.
(5) Ute kommt (laufen) zu spät.

4 a) Bilde von folgenden Verben jeweils das Partizip I und das Partizip II.
b) Welches Partizip kann als Attribut zum Nomen *Spiel* verwendet werden?

anregen
aufschreiben
laufen
tanzen

wagen
beginnen
mitreißen
beenden

Indikativ – Konjunktiv – Imperativ

Kümmelkartoffeln

Die Kartoffeln unter fließendem Wasser *zirpsen.* Mit einer Bürste sauber *bristeln.* Dann in zwei Hälften *zerflachsen* und mit einem Tuch *abtöpseln.* Ein Blech mit Butter *einkrickeln.* Salz und Kümmel darüber *rüpsen,* und die Kartoffeln mit der Schnittseite nach unten *daraufschorken.* Nun das Blech in den vorgeheizten Herd *klucksen.* Nach etwa vierzig Minuten sind die Kümmelkartoffel fertig.

① Setze für die Phantasiewörter in dem Rezept passende Verben ein.

② Rezepte können in verschiedenen sprachlichen Formen verfaßt werden:
Zuerst säuberst du die Kartoffeln ... oder *Man säubere zuerst die Kartoffeln ...* oder *Säubere zuerst die Kartoffeln ...*
a) Schreibt einmal das Rezept in diesen drei Sprachformen auf.
b) Unterstreicht die Verbformen, die ihr verwendet habt, und vergleicht sie.

Man kann von den Verben drei verschiedene **Aussageformen** bilden:
– den **Indikativ**: *du gibst, man gibt,*
– den **Konjunktiv**: *man gebe,*
– den **Imperativ**: *gib!*
Man verwendet diese Formen meistens folgendermaßen:
den **Indikativ**, wenn man etwas einfach aussagt (**einfache Aussageform**),
den **Konjunktiv**, wenn man etwas wünscht (**Wunsch- oder Höflichkeitsform**),
den **Imperativ**, wenn man jemanden zu etwas auffordert (**Befehlsform**).

③ **Rezept für einen Roboter**

Schütte zunächst eine Tasse feines Maschinenöl in eine Konservendose. Nimm dann einen sauberen Nagel, und feile davon eine Prise Eisenspäne in das Öl. Dann nimmst du eine Dose Schuhfett und rührst sie vorsichtig darunter. Du fügst drei Eßlöffel feinen Sand hinzu und knetest einen festen Teig aus dem Ganzen. Stelle diesen Teig in den Kühlschrank, und lasse ihn fest werden. Nach drei Stunden nimmst du den Teig heraus, gibst ihn in eine feuerfeste Schüssel und backst ihn im Herd bei 200 Grad. Danach läßt du den Kuchen abkühlen, schneidest kleine, bißfertige Stücke ab und übergießt sie mit etwas Benzin. Dekoriere das Ganze mit einigen Eisenspänen, und reiche dieses köstliche Gericht dem Roboter zum Abendbrot.

In diesem Rezept werden die Verben in zwei verschiedenen Formen verwendet. Fertige eine Tabelle an, und schreibe die Formen hinein:

Indikativ	Imperativ
nimmst	schütte

④ a) Ihr könnt nun dieses Rezept in der Indikativform *(Du schüttest …)* oder in der Imperativform *(Schütte …)* aufschreiben.
b) Lest euch eure Texte gegenseitig vor. Welche Form gefällt euch besser?

⑤ Schreibt dieses Rezept auch einmal in der Konjunktiv-Form auf:
Man schütte zunächst eine Tasse feines Maschinenöl …
Wie hört sich das Rezept jetzt an?

⑥ Manche Verben haben einen Imperativ, der etwas schwierig zu bilden ist:
geben – gib, nehmen – nimm …
Bilde zu den folgenden Verben Sätze im Imperativ.
Setze ein Ausrufezeichen: *Nimm dich in acht!*
Wenn du unsicher bist, schau im Wörterbuch nach.

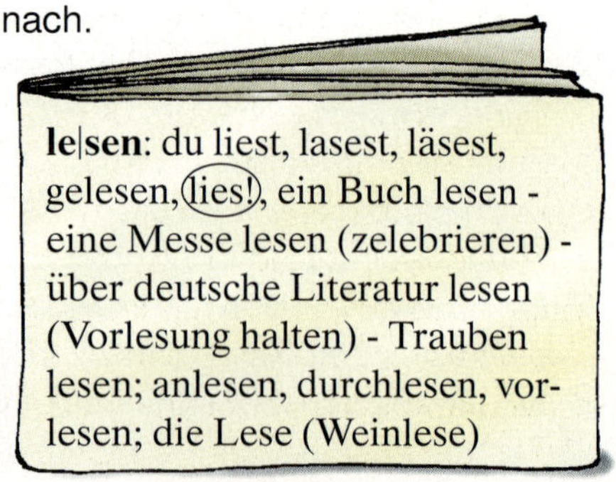

G 14 Nomen und Pronomen

Das wichtigste Kennzeichen für Nomen sind die Artikel (Begleiter). Du weißt auch bereits, daß man von Nomen einen Plural (Mehrzahlform) bilden kann: *Kind – Kinder; Pferd – Pferde; Frau – Frauen; Kasten – Kästen.*

① Suche Nomen, die den Plural mit *-er, -e, -en, -s* oder Umlaut bilden.

② Auch Zahlwörter können Nomen sein. Schreibe die folgenden Zahlen als Nomen. Worauf mußt du achten?

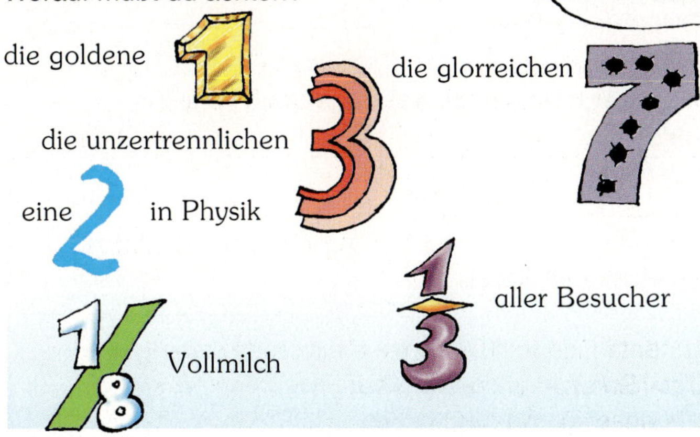

Personalpronomen

① Du erinnerst dich sicherlich auch daran, daß man die Nomen durch Pronomen ersetzen kann: *Der Mann – er; die Frau – sie; das Kind – es.*
Den folgenden Text hat ein kleines Kind erzählt.
Es hat mit dem Finger auf die Bilder von Seite 88 gezeigt und drauflosgeredet.

(1) Sie fahren in ihrem Auto los.
(2) Die Tasche haben sie stehenlassen.
(3) Dann haben sie eine Panne.
(4) Er nimmt das kaputte Rad ab.
(5) Ihr fällt ein, daß sie sie vergessen hat.
(6) Und er sitzt auf einem Koffer.
(7) Gerade wollen sie wieder zurückfahren, um zu sehen, ob sie noch da ist, da kommt ein anderes Auto.
(8) Es hält an, und sie steigen aus und winken ganz aufgeregt.
(9) Sie hält auch an, und er macht die Tür auf.

a) Gib diese Geschichte schriftlich so wieder, daß sie jemand versteht, der die Bilder nicht sieht.
b) Erzähle sie schriftlich zu Ende.

(2) Beim Schreiben habt ihr sicher viele der Pronomen, zum Beispiel *er* und *sie,* durch Nomen ersetzt. Vergleicht eure Sätze.

(3) Wenn wir keine Pronomen hätten, dann müßten wir die Nomen ständig wiederholen, wie im folgenden Text. Setzt an einigen Stellen Pronomen *(er, sie)* ein, dann wird diese Fabel sehr viel einfacher und besser.

Der Löwe und die Maus *Nach Aesop*

Während der Löwe schlief, lief dem Löwen eine Maus über den Körper. Aus dem Schlaf erwacht, packte der Löwe die Maus und traf Anstalten, die Maus zu verspeisen. Die Maus bat, er möge die Maus doch laufenlassen. Die Maus würde sich dem Löwen als dankbar erweisen, wenn die Maus am Leben bliebe. Da gab der Löwe die Maus lachend frei und ließ die Maus ihrer Wege ziehen.
In der Tat geschah es, daß schon wenig später der Löwe durch die Dankbarkeit der Maus gerettet wurde. Als der Löwe nämlich von Jägern gefangen und von den Jägern mit einem Seil an einem Baum gebunden worden war, da vernahm die Maus sein Stöhnen. Rasch lief die Maus herzu, benagte das Seil ringsum und sagte zu dem Löwen: „Damals hast du mich ausgelacht; jetzt aber weißt du, daß es auch bei den Mäusen Dankbarkeit gibt."
Die Fabel zeigt, wie sehr auch die Mächtigen auf die Schwächeren angewiesen sein können.

Possessivpronomen

① Zu den Personalpronomen gibt es entsprechende Possessivpronomen. Übernimm die Tabelle in dein Heft, und ergänze sie. Wenn du unsicher bist, bilde Sätze, z.B.:
Ich hole mein Heft. – Du holst dein Heft.

Personalpronomen	Possessivpronomen
ich	mein
du	?
er, sie, es	sein, ?, ?
?	unser
ihr	?
?	ihr

② Setze das dem Personalpronomen entsprechende Possessivpronomen im richtigen Kasus ein, z.B.:
Hat er sich (du) Skateboard geliehen?
Hat er sich dein Skateboard geliehen?

(1) Mir gefällt (wir) neuer Klassenlehrer sehr.
(2) Uns interessiert (ihr) Meinung zur gestrigen Schulfeier.
(3) Aus Versehen habe ich (sie) Heft in (ich) Tasche gesteckt.
(4) Was haben (du) Eltern zu (du) Zeugnis gesagt?
(5) Bei der Organisation (wir) Klassenfahrt gab es einige Schwierigkeiten.

③ Possessivpronomen zeigen durchaus nicht immer einen „Besitz" an, wie ihr aus folgenden Beispielen sehen könnt:

(1) Ich habe heute morgen meinen Bus verpaßt.
(2) In unserer Schule hat es heute Ärger gegeben.
(3) Pitt hat mir mein Buch immer noch nicht zurückgegeben.
(4) Mein Freund geht jetzt mit einer anderen.
(5) Meine Kaffeetasse hat einen Sprung.

In welchen Fällen könnte man von „Besitz" sprechen, in welchen Fällen eher von „Zusammengehörigkeit" oder „Zuordnung"?

Possessivpronomen können einen Besitz, eine Zusammengehörigkeit oder Zuordnung kennzeichnen. Als Begleiter stehen sie vor einem Nomen:
deine Kette, eure Gedanken, unsere Klasse.

Anredepronomen in Briefen

Wir erinnern uns: In Briefen und anderen Mitteilungen an bestimmte Personen werden die Anredepronomen *Du, Sie, Ihr, Dein, Euer* immer groß geschrieben.

Liebe Omi,

nun bin 1ch schon die zweite Woche hier im Kindersanatorium. Wie 2u 3ir denken kannst, habe 4ch 5ich schon gut eingelebt. Langweilig ist es nicht, denn 6ir sind von morgens bis abends beschäftigt. In der Freizeit lese 7ch in 8einem Buch, für das 9ch 10ir nochmals herzlich danke.

Oft unternehmen 11ir Wanderungen. Die schöne Gegend wäre auch etwas für 12ich und 13eine Gesundheit. Von 14nserem nächsten Ausflug werde 15ch 16ir eine Ansichtskarte schicken.

Ich grüße 17ich herzlich aus Thüringen.

18ein Erik

(1) Schreibe aus dem Brief die bezifferten Pronomen heraus, und achte dabei auf die Groß- und Kleinschreibung. Schreibe so: *1 = ich.*

(2) Schreibe den Brief ab, und formuliere ihn so um, daß du ihn an die Nachbarin schicken kannst, die du allerdings mit „Sie" anredest. Achte auf die Anredepronomen.

Liebe Frau Feddersen,

. . .

(3) Wie müßten die Anredepronomen lauten, wenn du den Brief an deine Mitschülerinnen und Mitschüler schickst?

Demonstrativpronomen

① 

a) Beide Herren betonen die markierten Wörter besonders. Warum wohl?
b) Sprecht diesen „freundlichen" Meinungsaustausch in verteilten Rollen.

Die Pronomen, mit denen wir besonders auf bestimmte Personen oder Sachverhalte hinweisen wollen, nennen wir **Demonstrativpronomen** (hinweisende Fürwörter).
Dazu gehören: *der, die, das*
dieser, diese, dieses,
jener, jene, jenes,
solcher, solche, solches,
derselbe, dieselbe, dasselbe.
Demonstrativpronomen können sowohl Begleiter als auch Stellvertreter von Nomen sein.

② (1) Er wollte heute abend unbedingt kommen. (?) hat er mir fest versprochen.
(2) Wir werden uns noch lange an (?) außergewöhnliche Konzert erinnern.
(3) (?) Haus ist ziemlich baufällig, aber (?) dort ist in gutem Zustand.
(4) Einen (?) Betrug hätte ich ihm nie und nimmer zugetraut.
(5) Herr S. ist dafür bekannt, daß er immer (?) Pullover trägt.
(6) Wenn du zu Klaus gehst, nimm bitte (?) Buch mit.
(7) Es ist doch immer (?) mit euch!

a) Welche Demonstrativpronomen könnten passen?
b) Stelle fest, wo in diesen Sätzen die Demonstrativpronomen als Begleiter und wo sie als Stellvertreter gebraucht werden.

Relativpronomen

① **Großmutters Haushaltstips**

(1) Für Kartoffelklöße nimmt man Kartoffeln, die man schon am Tag vorher eingelegt hat.
(2) Die Küchengardine, die nach dem Waschen gestärkt wird, nimmt nicht so leicht Schmutz an.
(3) Der Zuckerguß, der mit heißer Milch anstatt mit Wasser angerührt wird, wird schön weiß.
(4) Für einen Obstkuchen, bei dem das Obst im Teig versinken soll, nimmt man am besten Rührteig.

Die unterstrichenen Wörter sehen aus wie bestimmte Artikel, sie haben aber in den Sätzen eine andere Aufgabe. Welche?

> Pronomen, die sich auf ein Nomen oder Pronomen des vorhergehenden Satzes beziehen, sind **Relativpronomen** (bezügliche Fürwörter). Die gebräuchlichsten sind *der, die, das* (Plural *die*), manchmal werden auch *welcher, welche, welches* (Plural *welche*) verwendet.
> Relativpronomen können dekliniert werden.
> Häufig steht bei ihnen eine Präposition: *das Haus, in dem ich wohne, ...*

② Vervollständige die „Sätze voller Widersprüche" mit dem passenden Relativpronomen im richtigen Kasus.

(1) Ein Arzt, (?) einem Patienten auf den Zahn fühlt, muß nicht unbedingt ein Zahnarzt sein.
(2) Selbst Stubenhocker, (?) die Fernsehsendung gefallen hat, können aus dem Häuschen sein.
(3) Gerät nicht selbst ein Fliesenleger, (?) die Arbeit nicht gelingt, aus den Fugen?
(4) Ein Füchslein, (?) nach einem Hasen luchst, hat natürlich einen Wolfshunger.
(5) Das da ist der Mann, von (?) gesagt wird, er sei ein eingefleischter Vegetarier.
(6) Meine Nachbarn, (?) eine Gasheizung haben, sitzen oft wie auf Kohlen.

3 Wie werden *der, die, das* in den folgenden Sätzen gebraucht – als Artikel, als Demonstrativpronomen oder als Relativpronomen?

Das (1) verlassene Haus, das (2) am Waldrand steht, ist baufällig. Das (3) habe ich den Kindern schon oft gesagt. Doch die (4) lassen sich nicht abhalten, das (5) Gebäude zu betreten. Den (6) Besitzer, der (7) schon lange ausgezogen ist, habe ich auf die (8) Gefahren aufmerksam gemacht, die (9) von diesem Haus ausgehen.

Reflexivpronomen

1 Vervollständige folgende Sätze:
(1) Ich werde (...) um Daniela kümmern.
(2) Du kannst (...) nicht weigern, an der Besprechung teilzunehmen.
(3) Wir freuen (...) auf euren Besuch.
(4) Dafür solltet ihr (...) schämen!
(5) Der Unfall ereignete (...) am letzten Dienstag.

Einige Verben wie *sich beeilen, sich irren, sich ekeln, sich freuen, sich nähern* werden immer mit den **Reflexivpronomen** (rückbezüglichen Fürwörtern) *sich, mich, dich, uns, euch* verwendet.

Er beeilt sich. *Ich beeile mich.* *Wir beeilen uns.*

2 Personal- oder Reflexivpronomen? Achte bei der Entscheidung darauf, daß sich die Reflexivpronomen stets auf das Subjekt zurückbeziehen.
(1) Wir entschlossen uns, ein Computerspiel zu kaufen.
(2) Ein Freund meines Vaters hat uns beraten.
(3) Er macht mich mit seinem Getue noch krank.
(4) Ihr bildet euch auf euren Erfolg zu viel ein.
(5) Du belügst uns schon wieder.
(6) Der Unfall hat sich gestern abend ereignet.
(7) Wir treffen euch gegen halb acht!

Alle Pronomenarten in einem Text

1

Gebiß aus dem Fenster gespuckt

VIERNHEIM (dpa) Unfreiwillig und zusammen mit einem Obstkern hat sich (1) ein LKW-Fahrer auch von seinem (2) Gebiß getrennt: Während der Fahrt spuckte dieser (3) Unglücksrabe aus Versehen beides gleichzeitig aus dem Seitenfenster. Auch die Polizisten, die (4) ihn (5) anschließend bei der Suche nach der Prothese unterstützten, konnten nichts ausrichten. Jenen (6) Beamten sei der LKW-Fahrer nachts aufgefallen, als er „in gebückter Haltung“ am Fahrbahnrand entlangging, teilte die Polizeizentrale mit. Auf die Frage: „Was suchen Sie (8) hier?“ bekamen die Polizisten von diesem keine Antwort. Der Mann habe „außergewöhnliche Sprachschwierigkeiten“ gehabt und konnte sich nur mittels Zeichensprache mitteilen.

a) Bestimme die mit Ziffern gekennzeichneten Pronomen.
b) Drei Pronomen wurden nicht angegeben. Entdeckst du sie?

G 15 Adjektive

Adjektive benötigt man, um eine Sache oder ein Lebewesen genauer bezeichnen zu können.

① **Biber**

Der Biber gehört zu den (1) Nagetieren. Er ist in den (2) Waldgebieten zu Hause. Auf seiner (3) Nahrungssuche frißt er Zweige von (4) Weiden, Erlen oder Pappeln. Im Winter lebt er zumeist von (5) Rinde. Dazu muß er im Spätherbst oder in (6) Winternächten (7) Laubbäume fällen. Mit den (8) Nagezähnen beißt er Span für Span ab. Zwischendurch schärft er die (9) Nagezähne an den unteren. Die (10) Baumstücke transportiert er im Wasser. Seinen Wohnbau gräbt der Biber in (11) Uferböschungen.

groß, steil, sperrig, oberer, europäisch, jung, nächtlich, scharf, frostfrei, dünn, frisch

a) Setze die Adjektive ein. Wenn du sie richtig in den Text einsetzt, dann weißt du mehr über die Lebensweise des Bibers.
b) Vergleicht nun eure Texte. Gibt es gute, weniger gute und falsche Lösungen?

② Viele Adjektive lassen sich steigern: *groß, größer, am größten.* Man kann dadurch vergleichen. Setze geeignete Adjektive ein.

(1) Der Tiger ist (?) als der Elefant.
(2) Die Maus ist (?) als die Fliege.
(3) Ein Wolkenkratzer ist (?) als eine Kirche.
(4) Elektrisches Licht ist (?) als Kerzenlicht.
(5) Die Autobahn ist (?) als die Landstraße.
(6) Ein Moped kann ziemlich (?) fahren, ein Auto fährt (?), am (?) aber fliegt ein Flugzeug.

③ a) Überlege, warum die Adjektive in den folgenden Wortgruppen nicht gesteigert werden können:
das silberne Kettchen, die englische Zeitung, der schriftliche Bericht, das tote Tier.
b) Finde weitere Beispiele.

④ Wie werden in den folgenden Sätzen die Adjektive gesteigert?

(1) Klaus hat einen guten Aufsatz geschrieben, Uta einen (?), Robert aber den (?).
(2) Vorgestern hatten wir schon viel Arbeit, gestern noch (?), heute aber die (?).
(3) Peter sieht im Fernsehen gern Sport, Yvonne sieht (?) Krimis, Jutta sieht (?) Tierfilme.

⑤ In dem folgenden Text kommen sieben Adjektive vor, mit denen Schlangen genauer beschrieben werden. Kannst du sie herausfinden?

Schlangen

(1) Schlangen sind wechselwarme Tiere.
(2) Der Körper der Schlangen ist sauber und fühlt sich weich, aber nicht schleimig an.
(3) Die Zungen sind feine Geruchsorgane.
(4) Nur ein Drittel der Schlangen ist giftig.
(5) Über Gliedmaßen verfügen Schlangen nicht, sie können aber sehr schnell kriechen.
(6) Kreuzottern können sogar ein kleines Stück durch die Luft springen.

⑥ In den folgenden Sätzen kommen Wörter vor, die eine Anzahl oder Menge angeben. Auch diese **Zahlwörter (Numeralien)** können Adjektive sein.

(1) Es gibt auf der Erde 2.500 Schlangenarten.
(2) Einige Arten sind nur wenige Zentimeter lang.
(3) Mehrere Arten können bis zu elf Meter lang werden.
(4) Manche Schlangen werden 40 Jahre alt.

Du kannst diese Zahlwörter in zwei Gruppen einteilen:
a) *2.500, …*
b) *einige, …*
Vielleicht schaffst du es, beiden Gruppen von Zahlwörtern einen Namen zu geben.

Die als Adjektive gebrauchten **Zahlwörter (Numeralien)** können Zahlen genau angeben und bestimmen (*40 Jahre, elf Meter …*). Sie können sie aber auch unbestimmt lassen (*einige Arten, manche Schlangen …*).
In der Regel schreibt man die bestimmten Zahlwörter von eins bis zwölf in Buchstaben, die ab 13 in Ziffern: *zehn Schlangen, 24 Arten.*

G 16 Wörter, die man nicht beugen kann

Adverbien

(1) Setze die passenden Wörter in die Lücken ein:
gern, hier, abends, gestern, nicht, links, dann, dort.

Elbfahrt
Wir fuhren (1) an die Elbe.
Wir haben (2) eine Schiffahrt gemacht.
Ich fahre (3) auf einem Schiff.
Wir sahen (4) den Königstein liegen.
Wir kamen (5) in Dresden an.
Wir haben (6) den Zwinger besichtigt.
Wir haben (7) den Umzug mit August dem Starken gesehen.
Wir fuhren (8) mit dem Bus nach Hause.

(2) Schreibe den ganzen Text jetzt einmal etwas abwechslungsreicher auf, indem du die eingesetzten Wörter manchmal an den Satzanfang stellst.

Adverbien kann man in einem Satz umstellen. Im Gegensatz zu den Adjektiven kann man Adverbien nicht beugen und nicht steigern. Man kann die Adverbien in mehrere Gruppen einteilen:
Adverbien der Zeit: *heute, jetzt, immer, niemals, bald …*
Adverbien des Ortes: *oben, unten, dorthin, hierher …*
Adverbien der Art und Weise: *so, nicht, doch …*

(3) Zu Welcher Gruppe von Adverbien gehören die in Aufgabe (1) genannten?

[4] Welche der folgenden Wörter sind Adverbien?
Wenn du unsicher bist, mache die Steigerungsprobe.
mittags, fort, immer, lieb, hoch, weg, manchmal, trotzdem, weit, nie, schon, nur, da

(5) In den folgenden Sätzen sind die meisten Adverbien vertauscht worden.
Kannst du sie an die richtige Stelle setzen?
(1) Sie war erkältet, *dann* machte sie beim Sportfest mit.
(2) Erst ging er zum Baden, *trotzdem* machte er seine Schularbeiten.
(3) Der Hund sprang *dabei* über einen Zaun und verletzte sich *eigentlich*.
(4) Sie wollte *hier* nicht kommen, *doch links* ist sie *jetzt*.
(5) *Rechts* ist *dort*, wo der Daumen *vorhin* ist.

Präpositionen

> an, auf, aus, bei, durch, entlang, für, gegen, hinter, in, mit, nach, neben, ohne, seit, trotz, über, um, unter, von, während, wegen, zu, zwischen

Diese kleinen Wörter nennt man **Präpositionen**.
Sie stehen immer im Zusammenhang mit **Nomen** oder **Pronomen**:
an der Mauer, *vor* ihr.
Einige Präpositionen werden mit dem folgenden Artikel zusammengezogen:
am = an dem; *beim* = bei dem; *im* = in dem;
vom = von dem; *zum* = zu dem.

Auf Präpositionen folgt
der 2. Fall (Genitiv): wegen des Regens,
der 3. Fall (Dativ): hinter dem Haus,
der 4. Fall (Akkusativ): durch den Tunnel.

(1) Setze in den folgenden Text passende Präpositionen ein:

> **Roboter bedient Gäste**
>
> (1) einem Roboter werden (2) einiger Zeit die Gäste (3) einem Restaurant (4) der Stadt Tokio bedient. Der Roboter „Ken" bringt Speisen und Getränke (5) die Tische. Ken steht (6) dem Tisch, und die Gäste können sich (7) ihm bedienen lassen. Bezahlen müssen die Gäste natürlich (8) dem Kellner. Der Roboter bedankt sich danach (9) den Gästen (10) ihrer eigenen Sprache.

2 a) Mit welchen Fällen werden die elf Präpositionen in dem Text von Aufgabe (1) verwendet? Lege in deinem Heft die folgende Tabelle an, und trage diese Präpositionen ein:

Genitiv	Dativ	Akkusativ
?	von	?

b) Stelle fest, mit welchen Fällen die anderen Präpositionen oben im Kasten gebraucht werden, und trage sie in die Tabelle ein.

③ Setze in die folgenden Sätze solche Präpositionen ein, die durch das Zusammenziehen von Präposition und Artikel entstanden sind (z.B. *an dem* = *am*).

Pitt steht (1) Kiosk und kauft sich ein Eis.
Dann fährt er (2) Bäcker, um Brötchen zu kaufen.
(3) Fleischer kauft er noch rasch ein Stück Leberwurst.
(4) Fleischer fährt er (5) Eiltempo wieder nach Hause.

4 Nach manchen Präpositionen können verschiedene Fälle stehen. Kannst du unterscheiden?

Der Vogel sitzt auf (1) Baum. Die Katze klettert auf (2) Baum.
Der Zug fährt in (3) Tunnel. Er bleibt in (4) Tunnel stehen.
Der Flieger kreist über (4) Stadion. Dann fliegt er quer über (6) Platz.

Präpositionen gehören zu den kleinen Wörtern, die man nicht beugen kann. Man kann sie daran erkennen, daß nach ihnen der 2., 3. oder 4. Fall steht: *wegen des schlechten Wetters* (Genitiv), *aus dem Haus* (Dativ), *durch den Fluß* (Akkusativ).

Konjunktionen (Bindewörter)

als, bevor, daß, denn, nachdem, ob, obwohl, oder, und, weil, wie, wenn

Wörter wie diese nennt man **Konjunktionen** (oder Bindewörter). Sie verbinden Wörter und Sätze miteinander.

① Setze in die folgenden Sätze einige der Konjunktionen ein:

Ich konnte gestern nicht mitturnen, (1) ich krank war.
(2) wir zu Hause ankamen, begann es zu donnern und zu blitzen.
Tina spielte in ihrer Mannschaft mit, (3) sie Kopfschmerzen hatte.
(4) du einen neuen Füller brauchst, mußt du darauf sparen.
Sie will es sich noch überlegen, (5) sie auch Anne zur Party einlädt.
Du weißt doch ganz genau, (6) sich das nicht gehört!
Timo hatte vergessen, (7) dieses Spiel gespielt wird.
(8) sie ihr Zelt aufgebaut hatten, breiteten sie ihre Sachen darin aus.
Geh bitte noch rasch ein Brot kaufen, (9) der Laden schließt!

Die Wortarten im Überblick

Die Wörter lassen sich in zwei Gruppen teilen:

in Wörter, die man beugen (flektieren) kann. Diese Wörter haben eine Einzahlform (Singular) und eine Mehrzahlform (Plural). Sie sind „an ihrem Körper“ veränderbar, ohne daß der Sinn sich ändert.

in Wörter, die man nicht beugen kann. Diese kleinen Wörter haben nur eine einzige Form. Sie sind „an ihrem Körper“ unveränderbar.

Wörter, die man in der Zeitform (Tempus) verändern kann: konjugierbare Wörter

Wörter, die man im Fall (Kasus) verändern kann: deklinierbare Wörter

Wörter, die man im Satz allein umstellen kann: selbständig verschiebbare Wörter

Wörter, die man im Satz nicht allein umstellen kann: gebundene Wörter

Wörter, die allein mit einem Artikel stehen können

Wörter, die Nomen begleiten oder vertreten

Wörter, die man steigern kann

Wörter, die fest an andere gebunden sind

Wörter, die Sätze oder Wörter verbinden

Verben	Nomen	Artikel	Adjektive	Adverbien	Präpositionen	Konjunktionen
Zeitwörter	Hauptwörter	Begleiter **Pronomen** Stellvertreter	Eigenschaftswörter	Umstandswörter	Verhältniswörter	Bindewörter

Verben
bezeichnen Handlungen *(laufen, springen)* und Vorgänge *(regnen, blühen).*

Nomen
bezeichnen Lebewesen *(Mensch, Tier),* Dinge *(Stuhl, Bild),* Gefühle *(Freude, Mut),* Sachverhalte *(Gewicht, Ferien).*

Artikel
gehören zu den Nomen *(der, ein).*

Pronomen
stehen für Nomen *(ich, mein, mir, mich).*

Adjektive
bezeichnen Eigenschaften *(dick, schön).*

Adverbien
bezeichnen, wann, wo, wie und warum etwas geschieht *(gestern, hier, gern, deshalb).*

Präpositionen
geben Verhältnisse und Beziehungen an *(auf, an, über, in).*

Konjunktionen
verbinden *(und, weil, denn, oder, bevor).*

G 17 Zum Üben und Wiederholen – Wortarten

(1) Hier findest du jeweils vier Nomen, Adjektive, Adverbien und Pronomen. Schreibe sie geordnet heraus. Achte auf die Groß- und Kleinschreibung.

GESTERN, WUT, MEIN, DICK, EUCH, ANGST, JETZT, LIEB, WIR, ZEIT, VIELLEICHT, RUND, LANGEWEILE, IMMER, SCHÖN, JENER

(2) In den folgenden Sätzen sind alle Wortarten, die du gelernt hast, enthalten. Schreibe die Wörter nach Wortarten geordnet auf.
(1) Mein brauner Dackel schmust gern mit mir, wenn ich nach Hause komme.
(2) Als ich gestern in die Schule kam, gab es großen Spektakel.
(3) Über diesen Brief haben wir uns sehr geärgert.
(4) In diesem Buch stehen viele Geschichten, die wir gerne lesen.

[3] Setze in den folgenden Text die Konjunktionen und Präpositionen ein:

Stelzenlaufen
Tina (1) Timm wollten Stelzen laufen. Timm hatte sich gerade mühsam (2) seine Stelzen hochgehangelt, (3) er schon wieder umkippte. (4) Tina ging das Stelzenlaufen dagegen schon ganz gut. (5) sie einige große Schritte gemacht hatte, verlor aber auch sie das Gleichgewicht. Das kommt davon, (6) man zu große Schritte macht! Bald fühlte sie sich aber (7) den Stelzen ganz sicher, (8) sie machte jetzt etwas kleinere Schritte. Auch (9) Timm ging es bald besser. Das Problem war nur, (10) die Stelzen nicht immer so wollten (11) seine Beine. (12) einiger Zeit konnten sie sogar (13) die Wette laufen.

[4] Kannst du das folgende Silbenrätsel lösen?
(1) Die Wörter dieser Wortart werden immer groß geschrieben.
(2) Die Wörter dieser Wortart lassen sich steigern.
(3) Diese Wörter kann man in verschiedenen Zeitformen verwenden.
(4) Nach diesen kleinen Wörtern folgt immer der 2., 3. oder 4. Fall.
(5) Mit diesen Wörtern kann man Sätze verbinden.
(6) Die Wörter dieser Wortart lassen sich nicht steigern, können aber in einem Satz immer umgestellt werden.
(7) Die Wörter dieser Wortart weisen auf Personen hin.
(8) Die Wörter dieser Wortart stehen fast immer vor einem Nomen.

AD AD AR BEN BI EN JEK JUNK KEL KON MEN MEN NAL NO NO
ONEN ONEN PER PRÄ PO PRO SI SO TI TI TI TI VE VER VER

Die zweiten Buchstaben der Lösungswörter ergeben nacheinander gelesen zwei Wörter: den Namen eines großen Flusses und eine viel gebrauchte Konjunktion.

G 18 Die Zeitformen

Präsens, Perfekt, Präteritum, Futur I

Erinnerst du dich noch? Die wichtigsten Zeitformen in unserer Sprache sind:

das **Präsens**:	*ich male, ich komme,*
das **Perfekt**:	*ich habe gemalt, ich bin gekommen,*
das **Präteritum**:	*ich malte, ich kam,*
das **Futur I**:	*ich werde malen, ich werde kommen.*

(1) *Gestern haben wir eine Nachtwanderung gemacht. Die fanden wir alle echt gut. Wir haben uns erst im Dunkeln verlaufen. Dann fanden wir den Weg aber doch wieder. Zum Schluß saßen wir noch am Lagerfeuer. Jetzt machen wir alle Mittagspause. Einige schreiben Briefe, andere spielen Tischtennis. Ich sitze hier und schreibe und klebe Bilder und Postkarten in mein Tagebuch.*

Morgen früh fahren wir mit dem Bus ins Badeland. Dort werden wir den ganzen Vormittag bleiben. Danach kommen wir wieder hierher zurück. Wir werden dann etwas für den Abend vorbereiten. Da gibt es eine große Party.

a) In diesem Brief aus dem Landschulheim hat Conni alle vier Zeitformen gebraucht. Schreibe die Verben heraus, und bestimme die Zeitform:
haben gemacht (Perfekt).

b) Der Brief hat drei Abschnitte.
Im ersten Abschnitt erzählt Conni davon, was sie erlebt hat, bevor sie den Brief schrieb.
Im zweiten Abschnitt schreibt sie etwas, was geschieht, während sie gerade schreibt.
Im dritten Abschnitt schreibt sie, was erst in der Zukunft geschehen wird.
Welche Zeitformen gebraucht sie in den einzelnen Abschnitten?

② Aus Connis Brief haben wir drei Sätze weggelassen, die sie wiederholt gebraucht hat:

(1) Das mache ich sehr gern. (2) Das wird mir sicher viel Freude machen.
(3) Das hat mir großen Spaß gemacht.

In welche der drei Abschnitte gehören wohl diese Sätze? Und warum?

③

Mein Kaninchen füttern — in die Schule fahren.
Meine Schularbeiten machen — Gitarre üben.
Am Abend etwas spielen — noch etwas fernsehen.

a) Schreibe diesen „Drei-Sätze-Text“ einmal so auf, als würde der ganze Tag noch vor dir liegen:
Nachher füttere ich meine Kaninchen, dann fahre ich in die Schule.
Oder: *Nachher werde ich mein Kaninchen füttern ...*

b) Schreibe ihn dann so auf, als wäre der Tag schon vergangen:
Heute morgen fütterte ich erst mein Kaninchen ... oder:
Heute morgen habe ich erst mein Kaninchen gefüttert ...

4 Schreibt einmal einen ähnlichen „Drei-Sätze-Text“ auf:
Die eine Gruppe schreibt einen Text über etwas, das schon passiert ist; die andere Gruppe einen Text über etwas, das erst später geschehen wird.

1. Gruppe: *Am letzten Wochenende ...*
2. Gruppe: *In den nächsten Ferien ...*

Plusquamperfekt

① Im folgenden Text werden fünf verschiedene Zeitformen verwendet:

(1) Vorhin lief mir Müllers Dackel in das Rad. (2) Ich habe mich furchtbar erschreckt. (3) Der Hund hatte sich von der Leine losgerissen. (4) Dann rannte er wie angestochen davon. (5) Hoffentlich hat er sich nicht verletzt! (6) Jetzt tut mir der kleine Kerl richtig leid. (7) Nachher gehe ich zu Müllers. (8) Ich werde mich nach ihm erkundigen.

Sicherlich fällt es dir nicht schwer, die bekannten Zeitformen aus diesem Text herauszufinden: das Präsens, das Perfekt, das Präteritum und das Futur I. In diesem Text kommt aber noch eine andere Zeitform vor, die wir seltener gebrauchen: das **Plusquamperfekt**.

Das Plusquamperfekt wird so gebildet:
ich hatte gemalt – ich war gekommen.
Man verwendet es, wenn man über etwas erzählt, was in der **Vergangenheit** schon **abgeschlossen** ist:
Als ich mich ins Bett gelegt hatte (abgeschlossen), *schlief ich ein.*
Das Plusquamperfekt ist wie das Perfekt eine zusammengesetzte Verbform, die mit *haben* und *sein* gebildet wird:

Perfekt:	*Er ist hingefallen.*	*Sie hat gelacht.*
Plusquamperfekt:	*Er war hingefallen.*	*Sie hatte gelacht.*

(2) Bilde mit folgenden Verben das Perfekt und das Plusquamperfekt in der Ich-Form:
weglaufen, sich erschrecken, sich erkälten, aufwachen.

3 Bestimme in den folgenden Sätzen die Zeitformen: *1. Futur I, ...*

(1) Wir werden uns bald wiedersehen.
(2) Ich habe mich geirrt.
(3) Sie war nicht zum Training gekommen.
(4) Wir sind ins Kino gegangen.
(5) Ich werde das nie vergessen.
(6) Er hatte sich das ganz anders vorgestellt.
(7) Ich glaube dir nicht.
(8) Ich kam gestern zu spät nach Hause.

Futur II

Das Futur II ist wie das Futur I eine Zukunftsform, die mit *werden* gebildet wird:
Futur I: *Morgen werde ich das erledigen.*
Futur II: *Morgen werde ich das erledigt haben.*
Man verwendet das **Futur II** vor allem, wenn man über etwas schreibt, was in der **Zukunft abgeschlossen** ist:
Morgen um diese Zeit werden wir das Spiel sicher gewonnen haben.

1 In den folgenden Sätzen kommt dreimal das Futur II vor:

(1) Wir hatten die Torte schon aufgegessen, als der Besuch kam.
(2) Wenn die Ferien zu Ende sind, werden wir viel erlebt haben.
(3) Morgen wird sich Pitt sicher wieder erholt haben.
(4) Nachdem ich eingestiegen war, fuhr der Bus los.
(5) Als wir ankamen, hatten die anderen schon die Zelte aufgebaut.
(6) Übermorgen um diese Zeit werden wir die Arbeit geschrieben haben.

2 Kannst du auch die sieben anderen Zeitformen bestimmen?

Die richtige Zeitform wählen

① Manchmal wird in Aufsätzen das Perfekt ständig wiederholt.
Das klingt nicht besonders gut, weil die Verben immer mit *haben*
oder mit *sein* verwendet werden.
Auch in der folgenden Erlebniserzählung wird fortlaufend das Perfekt gebraucht.
Schreibt sie einmal so um, daß sich das Perfekt nicht ständig wiederholt.
Aber: Nicht jedes Perfekt müßt ihr durch ein Präteritum ersetzen!

Das gewonnene Spiel

Gestern haben wir gegen die Schülerinnen aus Egestorf Basketball gespielt. Zuerst hat es ziemlich schlecht für uns ausgesehen. Die Egestorferinnen haben aus allen Lagen auf unseren Korb geworfen. Schon nach zehn Minuten haben sie 14 : 6 geführt. In der Pause hat uns unsere Trainerin noch einmal gut zugeredet. Und tatsächlich haben wir uns dann wieder gefangen. Jetzt haben wir die Gegner richtig überrannt. Wir haben 42 Körbe geworfen – und die anderen nur 36. So haben wir gegen die Egestorferinnen doch noch gewonnen.

② In dem folgenden Text ist eine Stelle angestrichen.
Hier hat die Schreiberin eine falsche Zeitform gewählt.
Sie hätte nämlich schreiben müssen:
Nachdem wir angehalten hatten, …
An einer anderen Stelle hat sie denselben Fehler noch einmal gemacht.
Sucht ihn heraus!

Ein aufregendes Erlebnis

Als wir am Sonntag am Wannensee entlangfuhren, fegte plötzlich ein riesiger Schwarm von schwarzen Vögeln über uns weg. Sie kurvten um die Autos herum, und einer prallte sogar gegen unsere Scheibe. Nachdem wir anhielten, stiegen wir aus und sahen uns den Flug von Tausenden von Mauerseglern an. Die flitzten über den See und über die Straße und pfiffen dabei ganz schrill. Ich bekam richtig Angst davor. Der Spuk dauerte fast eine Stunde. Erst nachdem der Schwarm abzog, konnten wir weiterfahren.

Das **Plusquamperfekt** verwenden wir immer dann, wenn wir etwas erzählen, was vor der Vergangenheit passiert und schon abgeschlossen ist. Deswegen nennt man diese Zeitform auch **Vorvergangenheitsform**. Bei Sätzen mit *nachdem* steht meistens diese Zeitform.

③ Bilde aus den folgenden Ausdrücken Sätze mit *nachdem*, und verwende dabei das Plusquamperfekt. Achte auf das Komma!
Nachdem wir auf dem Bahnsteig angekommen waren, lief der Zug ein.

(1) Wir kamen auf dem Bahnsteig an — der Zug lief ein.
(2) Ich aß zu Mittag — ich spielte draußen.
(3) Ich trocknete unser Pony ab — ich brachte es in den Stall.
(4) Wir gingen in unsere Zelte — wir schliefen gleich ein.
(5) Ich machte meine Schularbeiten — ich ging zum Baden.

④ In den folgenden Beispielen steht der Satz mit *nachdem* zweimal an zweiter Stelle. Achte auch hier wieder auf die Kommas!

(1) Der Bus kam endlich an — wir warteten eine halbe Stunde.
(2) Ich schlief ein — ich schaltete das Radio aus.
(3) Wir zündeten das Lagerfeuer an — es brannte in hellen Flammen.
(4) Er fiel mitten in den Teich — er war pudelnaß.

5 In den folgenden Sätzen sind kleine Fehler enthalten! Formuliere die Sätze um, und verwende dabei das Plusquamperfekt:

(1) Sie war froh, weil sie ihren Schlüssel findet.
(2) Leider kamen wir erst auf dem Bahnhof an, nachdem der Zug abfährt.
(3) Als ich das Licht ausmache, war es stockfinster.
(4) Nachdem ich Schularbeiten mache, fuhr ich noch mit dem Rad.
(5) Nachdem wir das Zelt aufbauten, legten wir uns hinein.

6 Bilde aus jeweils zwei der folgenden Bilder Sätze mit *nachdem*.

Zum Üben und Wiederholen

① In der folgenden kleinen Geschichte kommen fünf verschiedene Zeitformen (Präsens, Perfekt, Präteritum, Plusquamperfekt, Futur I) vor.
Schreibt auf: (1) *Präteritum,* (2) ...

(1) Gestern traf ich Gabi in der Stadt. (2) Sie hatte sich ein neues T-Shirt gekauft. (3) Das hat mir gut gefallen. (4) „Das gibt es im Schlußverkauf", (5) sagte Gabi. (6) Also kaufte ich mir auch eins. (7) Vorn steht eine große 12 drauf. (8) Ich werde es morgen zu meinem zwölften Geburtstag anziehen. (9) Da werden die anderen aber staunen!

②

Ein nächtlicher Schreck!

Ich wache auf. Da hat doch etwas gekracht! Ich horche ins Dunkel hinein. Ich kann nichts hören. Nachdem ich meinen Mut zusammengenommen habe, knipse ich das Licht an. Nichts ist zu sehen. Ich gehe zum Fenster. Ich kann nichts Aufregendes sehen. Da fällt mir etwas auf: Der dicke Atlas liegt auf dem Fußboden. Den habe ich doch gestern ins Regal gestellt! Natürlich – der ist heruntergefallen! Aber warum?

a) Schreibe diese Geschichte so um, als wäre sie vor einiger Zeit passiert.
b) Du kannst die Geschichte auch zu Ende erzählen.

③ Spielt folgendes Ratespiel mit eurem Partner:
Einer nennt eine Zeitform, z. B. *Plusquamperfekt,*
dann sagt der andere den dazugehörenden Satz. Oder umgekehrt:
Einer liest einen Satz vor, der andere nennt die entsprechende Zeitform.

Plusquamperfekt – Präteritum – Präsens – Futur I – Perfekt

(1) Morgen besuchen wir euch.
(2) Heute abend werden wir ins Kino gehen.
(3) Gestern haben wir im Garten einen Igel gesehen.
(4) Meine Freundin schrieb mir zum Geburtstag.
(5) Ich hatte ihr zu ihrem Geburtstag auch geschrieben.
(6) Ihr seid sehr laut gewesen.

④ Wenn du die folgenden Sätze in der Reihenfolge 1. Präteritum, 2. Futur I, 3. Perfekt, 4. Präsens, 5. Plusquamperfekt untereinander schreibst, dann ergeben die vorletzten Buchstaben ein Wort, das ein Teil am Fahrrad bezeichnet.
Ich war weggegangen. Ich werde gut schlafen. Der Junge pfiff.
Der Vogel singt. Tina hat Brötchen geholt.

5 Welche der folgenden Behauptungen sind richtig? Überlege genau.

(1) Wenn wir über das sprechen, was gerade passiert, verwenden wir meistens das Perfekt.
(2) Wenn wir über etwas sprechen, was schon vorbei ist, verwenden wir meistens das Präsens.
(3) Wenn wir über etwas sprechen, was erst später passiert, verwenden wir meistens das Futur I oder das Präsens.
(4) Wenn wir über etwas sprechen, was schon vorbei ist, verwenden wir meistens das Präteritum oder das Perfekt.
(5) Wenn wir über etwas sprechen, was erst später passiert, verwenden wir meistens das Präsens und das Perfekt.
(6) Wenn wir über etwas sprechen, was gerade vor unseren Augen abläuft, verwenden wir immer das Präsens.

6 Forme die Verben in den folgenden Ausdrücken um:
(1) Perfekt, (2) Plusquamperfekt, (3) Präteritum,
(4) Präsens, (5) Perfekt, (6) Futur I.
Jetzt wird ein richtiger kleiner Text daraus:
Claudia erzählt: ...

(1) Gestern – meine Schülerfahrkarte verlieren
(2) Dabei – ich sie tief in die Tasche stecken
(3) Ich – mich furchtbar ärgern
(4) Zum Glück – mein Name drinstehen
(5) Hoffentlich – sie jemand finden
(6) Dann – er sie bestimmt beim Hausmeister abgeben.

7 a) Und noch ein Text, der erst zu einer richtigen Geschichte wird, wenn du ihn umformst:

(1) Gestern – in die Stadt fahren.
(2) Auf einmal – ein kleiner Hund an der Ampel stehen.
(3) Bei Grün – er auf den Zebrastreifen rennen.
(4) Doch nachdem – die Ampel plötzlich auf Rot schalten,
(5) – der Hund mitten auf der Straße stehenbleiben.
(6) Er – die Farben doch wohl nicht erkennen?
(7) Jedenfalls – die Autos um ihn herumfahren müssen.
(8) Erst bei Grün – der Hund dann auf die andere Seite laufen.
(9) Immer wenn ich – an eine Ampel kommen,
(10) – an den kleinen Hund denken müssen.
(11) Ich – das nie vergessen.

b) Habt ihr das Futur II verwendet?

G 19 Aktiv – Passiv

Welche Sätze passen zu welchen Bildern?

(1) Auf diesen sechs Bildern ist dasselbe Geschehen zweimal dargestellt, aber beide Male etwas anders. Ordne die folgenden Sätze diesen Bildern zu. Am besten, du schreibst es so auf: *1 = a.*

(a) Der Mann schüttelt den Apfelbaum.
(b) Der Apfelbaum wird geschüttelt.
(c) Tina füttert das Pony.
(d) Das Pony wird gefüttert.
(e) Timo wird untergetaucht.
(f) Anne taucht Timo unter.

(2) a) Lest euch gegenseitig eure Lösungen vor. Ihr könnt dabei so verfahren:
Zu Bild 1: Der Mann schüttelt den Apfelbaum.
Zu Bild 2: ...
b) Begründet eure Entscheidungen.

(3) a) Schreibe zu den drei Bildern jeweils einen Satz auf.
b) Lest euch eure Sätze gegenseitig vor, und begründet eure Entscheidungen.

Ein Bild - verschiedene Sätze

Zwei Halbzeiten hatten sich die Grün-Weißen gegen Hansa heftig zur Wehr gesetzt. Da schoß im letzten Augenblick Max Krachfuß von Hansa noch ein unhaltbares Tor. 1:0 für Hansa. Die Zuschauer schrien Beifall ...

(1) Schreibt einmal, jeder für sich, einen einzigen kurzen Schlußsatz, der zu dem Bild und dem Text paßt. Seht euch dazu das Bild genau an.

(2) Lest euch eure Sätze gegenseitig vor, und sprecht über die Unterschiede.

(3) (1) Die Spieler trugen den Torschützen jubelnd vom Platz.
(2) Der Torschütze wurde jubelnd vom Platz getragen.

a) Eine Schülerin hat zwei der Schlußsätze an die Tafel geschrieben. Beide sind fast gleich. Worin unterscheiden sie sich aber? Wer wird in Satz (1) an erster Stelle genannt? Wer in Satz (2)?
b) Lest die beiden Sätze einmal deutlich vor: Was wird im ersten Satz eher betont? Was im zweiten Satz?

(4) Im zweiten Satz wird nicht gesagt, wer den Torschützen vom Platz trägt. Wie könnte man die Spieler in diesen Satz einfügen?

(5) Welche Informationen werden in den folgenden Sätzen jeweils besonders hervorgehoben? Lest die Sätze vor.

Der Schiedsrichter unterbricht das Spiel in der zweiten Halbzeit.
Aktiv

Das Spiel wird in der zweiten Halbzeit unterbrochen.

Die Sanitäter tragen zwei verletzte Spieler vom Platz.
Aktiv Pasiv

Zwei verletzte Spieler werden vom Platz getragen.

Willst du betonen, **wer** etwas tut, **wer** handelt, so verwendest du Sätze im **Aktiv:** *Timo füttert das Pony.*
Willst du aber betonen, was **geschieht** oder **passiert**, so kannst du Sätze im **Passiv** verwenden: *Das Pony wird gefüttert.*

Verkürzte Sätze

(1) So lauteten die Schlagzeilen zu dem Spiel in einigen Zeitungen. Welche Schlagzeilen standen wohl eher in den Zeitungen aus der Gegend von Hansa? Welche in denen aus der Gegend von Grün-Weiß?

(2) Schlagzeilen sind oft verkürzte Sätze. Welche Wörter mußt du ergänzen, um aus diesen Schlagzeilen vollständige Sätze zu machen? Forme diese Schlagzeilen zu vollständigen Sätzen um.

(3) Unterstreiche diejenigen Teile, die du bei der Vervollständigung der Sätze hinzugefügt hast: *Grün-weiß wurde von Hansa mit 1:0 geschlagen.*

In den Schlagzeilen oben kommen folgende Verbformen vor: *geschlagen, gefeiert, getragen, gefegt, gefeuert, geehrt.* Man nennt diese Form des Verbs das **Partizip II** (vgl. Seite 81).

Gebildet wird das **Passiv** mit einer Form von **werden** und dem **Partizip II**:

Präsens: *Er wird getragen.*
Präteritum: *Er wurde getragen.*
Perfekt: *Er ist getragen worden.*
Plusquamperfekt: *Er war getragen worden.*

Im Aktiv wird betont, was jemand tut: *Hansa schlägt Grün-Weiß mit 1:0.*
Im Passiv wird betont, was mit jemandem passiert: *Grün-Weiß wird (von Hansa) mit 1:0 geschlagen.*

Umformungen

① Forme die folgenden Aktiv-Sätze ins Passiv um.
Klammere die Wörter ein, die du weglassen kannst, z. B.:
Die Polizei schleppt das Auto ab.
Das Auto wird (von der Polizei) abgeschleppt.

(1) Die Lehrerin lobt den Schüler.
(2) Die Katze fängt die Maus.
(3) Max Krachfuß überwindet den Torwart.
(4) Der Sturm entwurzelt den Baum.

② Forme die folgenden Passiv-Sätze ins Aktiv um, z. B.:
Die Mutter zündet die Kerzen an.

(1) Die Kerzen werden von Mutter angezündet.
(2) Carolin wird jeden Morgen von Vater geweckt.
(3) Steffi wird von der Mutter in die Schule gefahren.
(4) Die Mannschaft wird von den Fans bejubelt.
(5) Klaus wird von Katharina abgeholt.

③ Wenn du die folgenden Sätze ins Aktiv umformst,
mußt du immer etwas hinzufügen, was in den Passiv-Sätzen
nicht gesagt ist. Denke dir etwas aus:
Passiv: *Die Fahrerin wird angehalten.* (Von wem? - Von der Polizei)
Aktiv: *Die Polizei hält die Fahrerin an.*

(1) Die Schülerin wird ausgelacht.
(2) Der Radfahrer wird gebissen.
(3) Der Teppich wird gesaugt.
(4) Der Fisch wird aufgefressen.

4 Bei der Umformung der folgenden Sätze ins Passiv mußt du auch
auf die Zeitformen achten. Beachte: Satz (3) soll nicht umgeformt werden!
Tanja holte das Pony aus dem Stall. - Das Pony wurde von Tanja aus dem Stall geholt.

(1) Nachdem sie es gesattelt hatte,
(2) führte sie es auf die Wiese.
(3) Dort ritt Tanja mit dem Pony umher und ließ es dann laufen.
(4) Am Abend fing sie es wieder ein
(5) und brachte es in den Stall zurück.
(6) Dort hat sie es geputzt und gestriegelt.
(7) Am Schluß hat Tanja die Stalltür gut verschlossen.

G20 Wortfelder

Wenn ihr folgende Übungen durchführt, könnt ihr lernen, wie ihr euch mit Hilfe von Adjektiven genauer ausdrücken könnt.

① Schüler haben zu dem Begriff *Wetter* folgende Adjektive zusammengestellt.

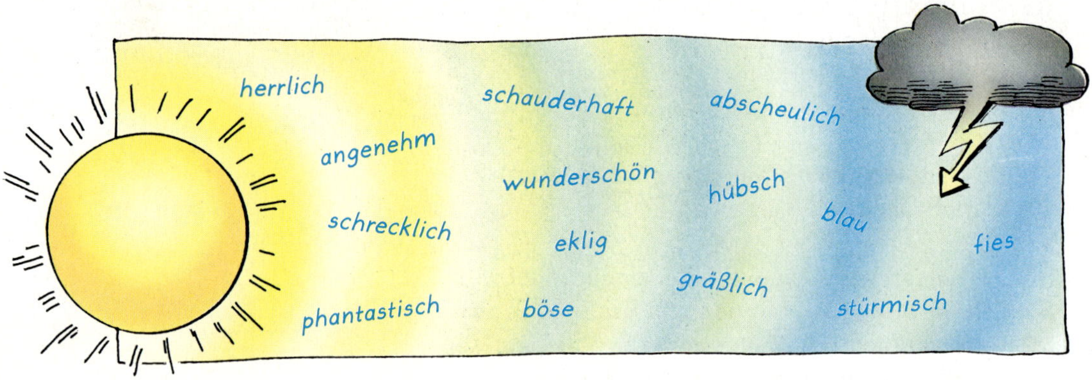

a) Überlegt, ob alle Adjektive aus dem Kasten wirklich zu *Wetter* passen.
b) Fallen euch weitere Adjektive zum Begriff *Wetter* ein?

② Wählt euch eins der folgenden Themen aus,
und schreibt in fünf Minuten möglichst viele passende Adjektive auf.

Wie können Personen aussehen?
Wie kann etwas schmecken?
Wie kann etwas sein, über das man lacht?
Wie kann etwas sein, was man messen und wiegen kann?
Wie kann etwas sein, was man fühlen kann?

③ Die gleiche Übung könnt ihr auch als Spiel durchführen.
Wählt dazu zwei Mannschaften von zwei bis drei Schülern aus.
Eine von beiden verläßt den Klassenraum.
Nun einigt ihr euch in der Klasse auf ein Thema.
Die Mannschaft, die im Klassenraum geblieben ist, schreibt in fünf Minuten möglichst viele zum Thema passende Adjektive an die Tafel
und klappt diese zu.
Anschließend wird die draußen wartende Mannschaft hereingerufen,
über das Thema informiert und aufgefordert,
in derselben Zeit möglichst viele dazu geeignete Adjektive aufzuschreiben.
Sieger ist die Mannschaft, die die meisten passenden Adjektive genannt hat.
In Zweifelsfällen entscheidet die übrige Klasse,
ob ein Adjektiv dem Thema angemessen ist oder nicht.

(4) Tobias hat in einer Personenbeschreibung folgendes geschrieben:
Uli trägt eine blaue Hose.

a) Schaut euch daraufhin einmal blaue Hosen an!

b) Überlegt, welche der Adjektive am besten zu welchen Hosen passen:
blaßblau, graublau, knallblau, himmelblau, pastellblau, schwarzblau, jeansblau, tiefblau, tintenblau, pflaumenblau …

(5) Ihr werdet festgestellt haben, daß man Farben gut durch Vergleiche beschreiben kann: *himmelblau, tintenblau …*
Welche Farbtöne lassen sich mit den folgenden Abbildungen gut beschreiben?

Schreibe die Farbtöne in die folgende Tabelle, und ergänze sie durch weitere Farbbezeichnungen.

rote Farbtöne	grüne Farbtöne	gelbe Farbtöne
feuerrot	flaschengrün	honiggelb

(6) Wie könnte man die Farben der Luftballons bezeichnen?

7 In der Einheit *S 7 Gegenstände beschreiben* findest du auf Seite 54 drei Nußknacker und auf Seite 56 drei Puppen abgebildet.
Suche dir zwei Nußknacker (oder zwei Puppen) heraus und beschreibe sie stichwortartig mit Hilfe von Farbadjektiven.

(8) Die folgenden Adjektive helfen dir, dich bei Personenbeschreibungen genauer und anschaulicher auszudrücken.

> hochgewachsen, geringelt, cool, sympathisch, knielang, protzig, pausbäckig, naturkraus, mollig, fransig, oval, länglich, zünftig, verlegen, farbenfroh, aalglatt, uni, kräftig, gestreift, rund, kurz, schulterlang, blond

a) Ordne die Adjektive folgenden Wortfeldern zu:

Gesicht:	*oval . . .*
Körper:	*mollig . . .*
Haare (Länge, Form, Farbe):	*naturkraus . . .*
Gesamteindruck:	*cool . . .*
Kleidung:	*gestreift . . .*

b) Suche zu jedem der Wortfelder noch weitere Adjektive hinzu.

(9) Charly Chaplin kennt ihr sicher alle!
Beschreibt ihn in Stichworten:
Gesamteindruck: *klein, schmächtig . . .*
Körper: ? Haare: ?
Gesicht: ? Kleidung: ?

(10) Auch für die Beschreibung von Gefühlen und Empfindungen gibt es viele Ausdrücke.

Stelle durch Mimik und Gestik ein bestimmtes Gefühl (z.B. *ärgerlich, gleichgültig . . .*) dar.
Dein Nachbar beschreibt diesen Ausdruck mit Adjektiven möglichst genau.
Nach drei „Vorstellungen" wechselt ihr.

G21 Wort und Wortbedeutung

Ein Wort kann unterschiedliche Bedeutungen haben

①

a) Erklärt das Mißverständnis zwischen Oma und Enkelin.
b) Kennt ihr noch andere Wörter für *Knete* und *Kohle.*

② Auch ihr gebraucht Wörter (z.B. für *Fahrrad, Brille, Mütze, Spaß*), die die Erwachsenen kaum verstehen.
Stellt solche Wörter - auch für andere Beispiele - zusammen.
Vielleicht könnt ihr ja auch dazu einen Witz zeichnen.

③ Wer löst die Rätsel am schnellsten?
(1) Welcher Hahn kann nicht krähen?
(2) Welcher Hering hat keine Kiemen?
(3) Welche Mutter bekommt nie ein Kind?
(4) Auf welcher Bank kann man nicht sitzen?
(5) Mit welchem Kamm kann man sich nicht kämmen?

In unserer Sprache gibt es Wörter, die dieselbe sprachliche Form aufweisen und doch unterschiedliche Bedeutung haben.

Leiter → *die Leiter (zum Steigen)*
Leiter → *der Leiter (eines Betriebes)*

Solche Wörter nennt man **Homonyme**. Ihre jeweilige Bedeutung ergibt sich erst aus der konkreten Redesituation.

④ a) Löst das folgende Rätsel.

„Mein Teekessel kann steinig sein, aber auch sandig."

„Bei meinem freue ich mich, wenn ich ihn wieder unter den Füßen habe!"

„Meiner ist in Behältern immer unten zu finden."

„Mein Teekessel ist wichtig, wenn wir alte Sachen wegstellen wollen."

b) Laßt in Gruppen von vier bis fünf Schülern weitere „Teekessel"-Wörter herausfinden, z. B. *Reif, Pflaster, Schloß, …*

⑤ Homonyme gesucht!

(1) Tanzvergnügen	–	Sportgerät	=	Ball
(2) Benehmen	–	Jagdsitz	=	?
(3) Nadelbaum	–	Gesichtsknochen	=	?
(4) Spielkarte	–	Genie	=	?
(5) Ansammlung von Menschen	–	überbackene Speise	=	?
(6) einfältiger Mensch	–	Einfahrt	=	?

6 Schreibt aus dem Wörterbuch die verschiedenen Bedeutungen der folgenden Wörter heraus, und sprecht darüber.
schaffen – aufgehen – vorbeugen – liegen – setzen

Oberbegriff – Unterbegriff

① Peter spricht mit seinem Freund: „Stell dir vor, mein Vater und ich haben am Sonntag Kaiserlinge, Pfifferlinge, Steinpilze, Edelreizker, Wiesenchampignons und Perlpilze gesammelt; natürlich haben wir Fliegenpilze, Giftreizker und Knollenblätterpilze stehen lassen."

a) Wie hätte sich Peter kürzer ausdrücken können?
b) In welcher Situation wäre Peters Darstellung aber auch durchaus vorstellbar?

Wörter mit einem größeren Bedeutungsumfang nennen wir **Oberbegriffe**, die ihnen untergeordneten Wörter werden **Unterbegriffe** genannt.

Oberbegriff: *Mensch*

Unterbegriff: *Frau* *Mädchen* *Mann* *Junge*

Mit Oberbegriffen kann man Sachverhalte zusammenfassen (z. B. als Stichpunkte); mit Unterbegriffen kann man Sachverhalte genauer und anschaulicher bezeichnen.

(2) Suche zu den Wortreihen den jeweiligen Oberbegriff.
(1) Rot – Grün – Violett – Blau – Gelb
(2) Schwalbe – Star – Eisvogel – Rohrdommel – Pirol
(3) Apfel – Orange – Pflaume – Birne – Mandarine
(4) Fahrrad – Auto – Moped – Reisebus – Rikscha
(5) Langstreckenlauf – Sprint – Kugelstoßen – Hochsprung

3 Nenne zu den einzelnen Wortreihen den Oberbegriff.
(1) Tanne – Fichte – Kiefer – Lärche
(2) Fichte – Ahorn – Lärche – Birke
(3) Frau – Mücke – Wal – Fledermaus
(4) Becher – Tasse – Bierglas – Kelch
(5) Eimer – Tank – Aquarium – Tasse
(6) Baum – Petersilie – Schwarzwurzel – Rübe
(7) Radieschen – Spargel – Gurke – Schnittlauch

4 Manchmal kann ein Wort sowohl Ober- als auch Unterbegriff sein.
a) Übernimm folgende Begriffspyramide, und ergänze sie.

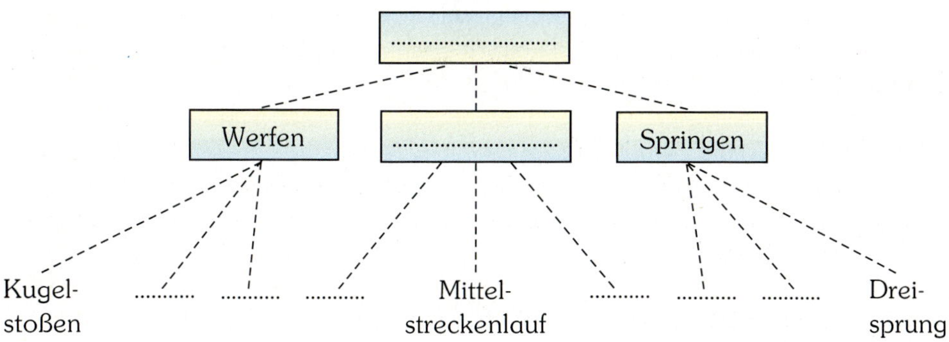

b) Vielleicht kannst du die Begriffspyramide nach unten noch erweitern.

Wörter mit übertragener Bedeutung

①

Du wirst die Scherzfragen leicht beantworten können. Warum könnte es aber für einen Ausländer, der die deutsche Sprache nicht gut kennt, sehr schwer sein, die Fragen zu beantworten?

② a) Beschreibe die bildhafte (übertragene) Bedeutung von:
Spaßvogel, Flußarm, Autoschlange, Baumkrone.
Eine Baumkrone ist ...

b) Vielleicht kannst du wie in unserem Beispiel die wortwörtliche Bedeutung der anderen bildhaften Ausdrücke zeichnerisch gestalten?

③ (1) Wird eigentlich immer vom Essen gesprochen, wenn es um die Wurst geht?
(2) Darf nur ein Zahnarzt jemandem auf den Zahn fühlen?
(3) Muß man gut mit Tieren umgehen können, um jemandem einen Bären aufzubinden?

a) Welche Redensarten stecken in diesen scherzhaften Fragen? Was bedeuten diese Redensarten?

b) Findet weitere Beispiele für bildhafte Redensarten.

④ Auch vielen Sprichwörtern liegen sprachliche Bilder zugrunde.
Was bedeuten die folgenden Sprichwörter?
(1) Früh übt sich, was ein Meister werden will.
(2) Nichts ist so fein gesponnen, es kommt doch an die Sonnen.
(3) Was ein Häkchen werden will, krümmt sich beizeiten.

> Wir gebrauchen viele Wörter nicht nur in ihrer ursprünglichen, sondern auch in einer übertragenen Bedeutung. „Das war für mich ein Kinderspiel!" meint eben nicht ein Spiel für Kinder, sondern daß einem etwas sehr leicht gefallen ist.
> In vielen Redensarten und Sprichwörtern werden Wörter oft in übertragener Bedeutung verwendet.

G20 Wortbildung

Wortfamilien

Die Wortfamilie *fahren* gehört zu einer der größten, die es in unserer Sprache gibt. Nach dem uralten Wort *faran* (was so viel heißt wie *sich fortbewegen*) sind viele Wörter gebildet worden, in denen der Wortstamm *-fahr-* vorkommt.

(1) In unserem „Wortstammbaum" könnt ihr einige dieser Wörter erkennen.
a) Ein Wort gehört in diesen Stammbaum nicht hinein. Findet ihr es?
b) Nach welchen Gesichtspunkten sind die „Wortblätter" den einzelnen Ästen zugeordnet?
c) In welche Blätter des Baumes würdet ihr die Wörter *Ferienfahrt, fährst, Fahrspur einsetzen?*

(2) In einem Wörterbuch findet ihr zu dieser Wortfamilie noch mehrere Wörter. Ordnet die Wörter des Wörterbuches und des Stammbaumes in einer Tabelle danach, ob sie durch Zusammensetzung (*Autofahrt*) oder durch Ableitung (*fahrbar*) entstanden sind.

fah|ren: du fährst, fuhr(e)st, führest, gefahren, fahr(e)!; die **Fähre**, der **Fahrer**, die **Fahrerflucht**, das **Fahrgestell**, die **Fahrkarte**, der **Fahrplan**, das **Fahrrad**, der **Fahrstuhl**, die **Fahrt**, die **Fährte**, der **Fahrtenschwimmer**, das **Fahrzeug; fahrbar, fahrig** (zerstreut), **fahrlässig**: fahrlässige Tötung; wir gehen auf Fahrt – der Schreck fuhr mir durch alle Glieder – man möchte aus der Haut fahren

(3) Das Üben mit Wortfamilien kann dir bei der Rechtschreibung helfen. Der folgende Kasten enthält aus sechs Wortfamilien Wörter, bei denen viele von euch immer wieder Fehler machen. Und wie kannst du üben?
- Du ordnest die Wörter nach Wortfamilien.
- Du suchst weitere Wörter zu diesen Familien.
- Du kannst zu einigen Wörtern Sätze bilden.
- Ihr diktiert euch gegenseitig selbstgebildete Kurzsätze.
- Ihr bildet Sätze, in denen immer drei der Wörter vorkommen.

essen	lassen	rennen	schaffen
sehen	stehen	gelassen	der Fernseher
schaffte	ließ	stand	ißt
das Wettrennen	der Schaffner	rennst	steht
aß	gesehen	gegessen	sieht
sah	lässig	schaffst	das Mittagessen
läßt	gestanden	geschafft	rannte

Zusammensetzung

DIE SUPERKAMERA

Gönnen Sie sich doch diese kompakte Kleinbildkamera mit eingebautem Elektronenblitzgerät und Selbstauslöser zum Schnellschießen Ihrer Fotos! Sie verfügt über einen hochempfindlichen Belichtungsmesser; der Leuchtrahmensucher besitzt eine Warnanzeige für Unterbelichtung. Die Filmempfindlichkeit wird automatisch eingestellt. Das formschöne Gehäuse liegt mit praktischer Griffmulde sicher in Ihrer Hand; das Objektiv ist duch eine Verschlußschiebeklappe geschützt. Das kompakte Fotovergnügen!

(1) Mit diesem Text wird für einen Fotoapparat geworben. Klärt, was mit Begriffen wie *Kleinbildkamera, Selbstauslöser* usw. gemeint ist.

(2) Beschreibt etwas genauer, welche Aufgaben dieser Text hat. Ihr könnt eure Aussagen mit Hilfe von Textstellen untermauern.

(3) a) Suche alle zusammengesetzten Wörter aus dem Werbetext heraus; trage sie – nach Bestandteilen getrennt – in eine solche Tabelle ein.

Zusammensetzung	
aus zwei Wörtern	aus drei Wörtern
Super-kamera	*Klein-bild-kamera*

b) Welche dieser Zusammensetzungen sollen den Fotoapparat in besonders vorteilhaftem Licht erscheinen lassen?

c) Bei welchen Zusammensetzungen könnte man einen der Bestandteile weglassen, ohne daß Information verlorengeht? Bei welchen ist dies nicht möglich?

(4) Was wäre, wenn wir keine Zusammensetzungen hätten? Wie müßte dann z.B. das zusammengesetzte Wort *Kleinbildkamera* umschrieben werden?

> Zusammengesetzte Wörter bestehen aus dem Grundwort und einem oder mehreren Bestimmungswörtern.

Bestimmungswort/-wörter		**Grundwort**	(Grundbedeutung/Wortart)
nach	⟶	*denken*	(Verb)
stein	⟶	*alt*	(Adjektiv)
Kleinbild	⟶	*kamera*	(Nomen)

(5) a) Beschreibt bei den folgenden Zusammensetzungen genauer, in welcher Weise das Bestimmungswort das Grundwort bestimmt:
Krankenhaus, Holzhaus, Wochenendhaus, Gartenhaus, Würfelspiel, Hörspiel, Endspiel, Glücksspiel, Hohlraum, Klassenraum, Wohnraum, Zwischenraum.

b) Umschreibt das zusammengesetzte Wort:
Ein Krankenhaus ist ein Haus für Kranke. Ein Holzhaus ist ein Haus ...

c) Vergleicht die verschiedenen Aufgaben miteinander, die das Bestimmungswort hat: *Krankenhaus* – *für Kranke* (Zweck, Aufgabe)
Holzhaus – *aus Holz* (Material)

[6] Seltsame Zusammensetzungen:

Garagentormann **Fußpilzsammler** **Geldscheinwerfer** **Mundraubritter** **Pechvogelkäfig** **Armbrustschwimmer**

a) Erklärt den Aufbau dieser Zusammensetzungen. Wodurch entsteht der „Witz“?

b) Bildet nach diesem Muster selbst witzige Zusammensetzungen.

⑦ **Die Sonnenbrunnengeschichte**
Manfred Bartz

In einem Dorf befand sich ein Brunnen. Er war so weit ab von allen Häusern und Bäumen, daß er nie Schatten bekam. Deshalb wurde er der Sonnenbrunnen genannt. Da sich die Leute aus der Umgebung aus dem Sonnenbrunnen mit Kannen und Wannen ihr Wasser holten, nannten sie ihn auch den Kannenwannensonnenbrunnen. Der Kannenwannensonnenbrunnen hatte die Form eines mittelalterlichen Burgturms, und aus den Zinnen plätscherte das Wasser heraus. Es plätscherte in steinerne Rinnen hinein und versickerte dann. Ein Heimatforscher nannte den Brunnen deshalb den Kannenwannenzinnenrinnensonnenbrunnen. Da die Schwäne und Hühner am Kannenwannenzinnenrinnensonnenbrunnen zu trinken pflegten, wurde er bald Kannenwannenzinnenrinnenschwanenhahnensonnenbrunnen genannt.

a) Warum ist das Lesen und Vorlesen dieses Textes gar nicht so einfach? Untersuche, wie die „Superzusammensetzungen“ entstanden sind.
b) Probiere selbst einmal, Zusammensetzungen nach diesem Muster aufzubauen. Du könntest so anfangen: *Feld - Spielfeld - Ballspielfeld ...*

Ableitung

①

Präfixe

BE– VER–
GE– ZER–
UN– ENT–

Wortstämme

–SPRECH– –HÖR–
–FREI– –SPIEL–
–SCHUL– –BRECH–

Suffixe

–BAR –UNG
–HEIT –EN
–LICH –IG

a) Bilde mit den Wortstämmen in der Mitte, den Präfixen links und den Suffixen rechts möglichst viele abgeleitete Wörter.
b) Ordne die gefundenen Wörter nach Wortarten.

Nomen:	Verben:	Adjektive:
Befreiung ...	*breche ...*	*spielbar ...*

Durch das Anfügen von **Präfixen** und/oder **Suffixen** an **Wortstämme** können **abgeleitete Wörter** gebildet werden. Dabei bestimmt das Suffix die Wortart des abgeleiteten Wortes: *erhol<u>sam</u>* – Adjektiv,
Erhol<u>ung</u> – Nomen,
erhol<u>en</u> – Verb.
Die angefügten Präfixe und einzelne Suffixe verändern die Bedeutung des Wortstammes: *laufen – <u>ver</u>laufen – <u>zer</u>laufen – <u>ent</u>laufen.*

② a) Überlegt, welche Bedeutungen die Präfixe *ent-* und *zer-* in folgenden abgeleiteten Wörtern haben könnten, z. B.: *entwässern = Wasser herausziehen, zerbrechen = auseinanderbrechen.*

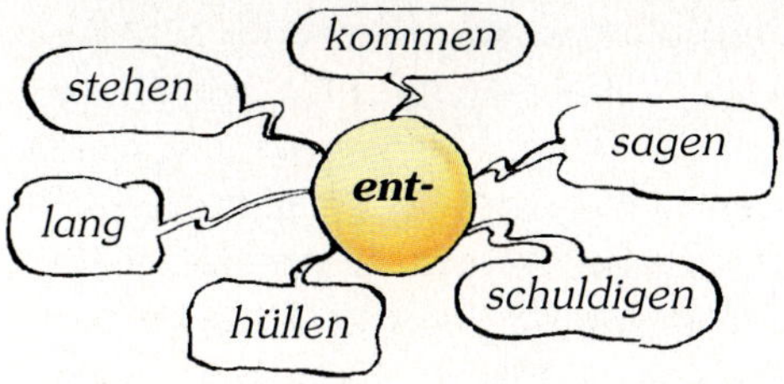

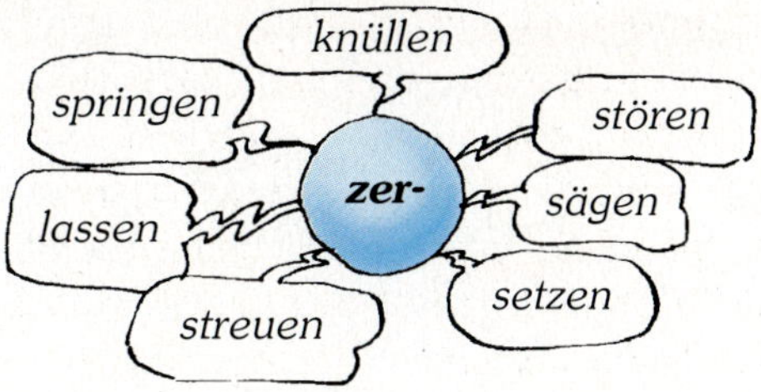

b) Welche Wörter im rechten Kasten lassen sich auch mit dem Präfix *ent-* verbinden? Welche Bedeutung haben die abgeleiteten Wörter dann?

③ a) Leite mit Hilfe des Suffixes *-eln* von folgenden Verben andere Verben ab: *lachen – lächeln.*
husten, tropfen, streichen, tanzen, spotten
b) Welchen Bedeutungsunterschied gibt es zwischen dem ursprünglichen und dem abgeleiteten Verb?

④ Bei einigen Wörtern erfolgt eine Ableitung durch den Ablaut im Wortstamm: *kling(en) – der Klang.*
Leite nach diesem Muster von folgenden Verben Nomen ab:
trinken, schließen, schießen, werfen, brechen, greifen, schleifen.

Nominalisierung (Substantivierung)

Aus Verben, Adjektiven und Wörtern anderer Wortarten können Nomen (Substantive) werden. Sie werden dann groß geschrieben (vgl. *R 36 Groß- und Kleinschreibung*), z. B.:
Das Lachen verging ihm. (nominalisiertes Verb)
Von ihm weiß man wenig Gutes. (nominalisiertes Adjektiv)

① Setze jeweils das in Klammern stehende Wort in den Satz ein.
Ist es nominalisiert oder nicht?
(1) Der (kluge) Mann baut vor.
(2) Sein (husten) gefällt mir gar nicht.
(3) Hörst du das (schlagen) der Kirchturmuhr?
(4) Niemals vergesse ich dein unwürdiges (benehmen).
(5) Die Angelegenheit ist äußerst (wichtig).
(6) Weißt du etwas (genaues) darüber?
(7) Er konnte sich an den Unfall überhaupt nicht (erinnern).

G23 Geschichte des Wortschatzes

① Diese und viele andere Wörter begegnen dir täglich, in der Familie, in der Schule, in der Freizeit, in der Zeitung ... überall. Welche Wörter sind wohl deutsch, und welche stammen aus anderen Sprachen?

Man sieht es den meisten Wörtern gar nicht an: Auch Wörter haben ein bestimmtes Alter, sie unterscheiden sich in ihrer Herkunft und durch die Wege, auf denen sie in unsere Sprache gekommen sind. Wörter sind daher auch ein lebendiges Spiegelbild der Geschichte.
Unsere Vorfahren, die Germanen, besiedelten weite Gebiete Europas. Ihre Sprache war mit vielen Sprachen verwandt, die von Völkern aus dem fernen Indien bis Europa gesprochen wurden. Man spricht von der **indoeuropäischen Sprachfamilie**. Sie existierte noch etwa 4.000 Jahre vor Christi Geburt und gliederte sich dann deutlicher in indische, persische, slawische, romanische, germanische, keltische und andere Sprachen.

Es gibt im heutigen Deutsch eine Vielzahl von Wörtern, die aus der indoeuropäischen und germanischen Zeit stammen. Man nennt sie **Erbwörter**, z.B.:

Adel	*Enkel*	*Hof*	*Milch*	*Schwester*
Arm	*Friede*	*Honig*	*Neffe*	*Teig*
Bett	*Gans*	*Hund*	*Ohr*	*Vater*
Brei	*Hacke*	*Kalb*	*Rücken*	*Volk*
Dung	*Herz*	*König*	*Schaf*	*Wand*

② Ordne diese Wörter folgenden Bereichen zu, und schreibe sie in dein Heft.

Nahrungsmittel: *Brei ...*
Verwandte:
Körperteile:
Ackerbau und Viehzucht:
Häusliches Leben:
Gesellschaftliches Leben:

Die Germanen lebten im Gebiet des heutigen Europa nicht allein. Ihre Nachbarschaft mit den Römern, den Kelten und anderen Völkern führte zum Handel, zum Austausch von Erfahrungen, zur Zusammenarbeit, aber auch zu kriegerischen Auseinandersetzungen. Von diesen Völkern übernahmen die Germanen eine Reihe von Wörtern, sie wurden „entlehnt". Häufig waren dies Wörter für bestimmte Dinge und Sachverhalte, die die Germanen nicht kannten und für die sie auch keine sprachliche Bezeichnung hatten.
Diese **Lehnwörter** wurden dem Germanischen und Deutschen angepaßt, so daß man ihre fremde Herkunft heute kaum noch erkennen kann: Unser Wort *Engel* wird als deutsches Wort empfunden, es ist aber aus dem Griechischen (*angelos*) entlehnt. Auch das Verb *schreiben* stammt aus dem Lateinischen (*scribere*). Etwa bis zum Jahre 500 nach Christi Geburt kamen allein aus dem Lateinischen, der Sprache der Römer, über 500 Lehnwörter ins Deutsche.

(3) Sprachforscher arbeiten wie Detektive: Sie vergleichen die Sprachen, suchen nach gemeinsamen Spuren und entwickeln aus diesem Mosaik ein Bild über die Entwicklung unserer Sprache. Auch ihr könnt euch einmal als Sprachdetektive erproben.

a) In den folgenden vier Feldern sind Lehnwörter und deren lateinische Ursprungswörter verwürfelt. Welche heutigen deutschen Wörter lassen sich welchen lateinischen Ursprungswörtern zuordnen?

I.

caupo	Pfund
pondo	Münze
corbis	Kaufmann
moneta	Korb

II.

murus	Keller
camera	Mauer
cellarium	Fenster
fenestra	Kammer

III.

flagellum	Sichel
radix	Frucht
fructus	(Dresch-)Flegel
secula	Radieschen

IV.

catinus	Spiegel
spekulum	Schüssel
scutella	Karren
carrus	Kessel

b) Die Wörter in den Feldern I - IV sind nach Bereichen geordnet, in denen viele Lehnwörter übernommen wurden:
Fachausdrücke des Acker- und Gartenbaues,
Fachausdrücke des Hausbaues,
Fachausdrücke des Handels,
Fachausdrücke für Hausgeräte.
Ordne diese Bereiche den Feldern zu:
Feld I = Fachausdrücke des ...

Besonders unter dem starken Einfluß des Christentums kamen sehr viele Lehnwörter aus dem Lateinischen und Griechischen in unsere Sprache, z. B.:

Abitur	Bischof	Doktor	Fakultät	Messe	Rektor
Almosen	Aula	Examen	Kirche	Nonne	Schule

(4) a) Welche dieser Lehnwörter sind dem Bereich der Bildung zuzuordnen?
b) Was weißt du aus dem Geschichtsunterricht über den Zusammenhang von Kirche und Bildungswesen im Mittelalter?

5 a) Welche der folgenden Wörter sind vermutlich Lehnwörter?

Armee	Film	Kanone	Muskat	Rosine
Bank	Firma	Kredit	Mutter	Schokolade
Bilanz	Golf	Leutnant	netto	Teddy
Bonbon	Joghurt	Marzipan	Orange	Vokabel

b) Schlage im Wörterbuch nach, aus welcher Sprache die Wörter stammen.
c) Warum sind manchmal im Wörterbuch zwei Stationen genannt?

Fremdwörter

Die rasante gesellschaftliche Entwicklung bis in die Gegenwart spiegelt sich auch im Wortschatz wider. Folgende Wörter sind verhältnismäßig jung:

Bodybuilding	*Diskette*	*Katalysator*	*Outfit*	*Trainer*
Club	*Fan*	*Leggings*	*PC*	*Transistor*
Computer	*Hygiene*	*Mikrowelle*	*programmieren*	*T-Shirt*
Decoder	*Jogging*	*Mountainbike*	*Republik*	*Videoband*

(1) a) Vergleicht die Aussprache mit der Schreibweise dieser Wörter.
b) Welche Bedeutung haben diese Wörter?
c) Welche dieser Wörter werden wohl international gebraucht?

In unserem Wortschatz gibt es zwei große Gruppen von Wörtern:
1. **Deutsche Wörter**, die aus historischer Zeit ererbt (**Erbwörter**) oder aus anderen Sprachen entlehnt wurden (**Lehnwörter**).
2. **Fremdwörter**, die aus anderen Sprachen übernommen wurden und sich in Aussprache und Schreibung von deutschen Wörtern unterscheiden. Manche Fremdwörter werden in vielen Sprachen in der gleichen Form verwendet und haben auch die gleiche Bedeutung, z. B.: *Computer, Diskette, Kultur, Medizin, Minister, Doktor, Republik, Telefon.* Diese Wörter werden auch als **Internationalismen** bezeichnet.

R24 Wörter mit *h*

① In diesem Buchstabengitter haben sich 10 Verben versteckt.
a) Schreibe sie heraus.
b) Stelle zu diesen Wörtern Wortfamilien zusammen, z.B.
führen: Anführer, geführt ...
Ein Wörterbuch kann dir dabei helfen:

füh|ren; Buch -; **Füh|rer**; **Füh|rer aus-ausweis** (*schweiz. amtl. für* Führerschein), **...haus**, **Füh|re|rin**; **füh|rer-los**; **Füh|rer|natur**; (...)

w	o	h	n	e	n	z	r	s	b
a	d	b	f	e	f	n	g	h	e
b	i	f	ü	h	r	e	n	j	l
c	k	e	h	f	u	h	r	l	o
z	m	h	l	n	o	m	p	q	h
ä	t	l	e	u	v	e	w	x	n
h	a	e	n	b	c	n	e	f	e
l	g	n	h	f	a	h	r	e	n
e	i	j	s	t	e	h	l	e	n
n	w	ä	h	l	e	n	m	n	o

② Wenn du die Vorsilben *an-*, *ge-*, *ent-*, *be-*, *ver-*, *un-*, *ab-*, *um-* verwendest, findest du noch viele weitere Wörter dazu, z.B. *entführt, abgeführt ...*

③ a) Lege dir nach dem folgenden Beispiel eine Tabelle an, und ordne die Wörter aus dem Kasten in die Tabelle ein.

Wörter mit *hl*	Wörter mit *hm*	Wörter mit *hn*	Wörter mit *hr*
kühl	nehmen	?	?

berühmt ihn Verkehr kühl ähnlich ehrlich nehmen ohne obwohl

b) Suche weitere Wortbeispiele, und ergänze die Tabelle.

④ Das könnt ihr noch tun, um Wörter mit *h* zu üben:
– Ihr könnt euch aus eurer Wörtersammlung gegenseitig einige Wörter diktieren.
– Ihr könnt mit einigen Wörtern Sätze bilden.
– Ihr könnt einen Text erfinden, in dem möglichst viele Wörter aus eurer Wörtersammlung vorkommen.
– Ihr könnt ein Wettspiel machen:
Zu einem vorgegebenen Wort mit *h* (z.B. *fahren*) schreibt ihr in zwei Minuten möglichst viele Wörter aus der gleichen Wortfamilie auf.

⑤ Auch so kann man Wörter mit *h* üben.

a) Ihr entwickelt Wortkämme mit Wörtern, die ein *h* aufweisen.

F		E		H		L		E		R
A				A						
H				H						
R				N						
E										
N										

b) Bei diesem Wörterskribbel dürfen natürlich nur Wörter mit einem *h* aufgeschrieben werden.

	z	o					e			
	ä	h	n	l	i	c	h			
	h	n					r			
	l	e					l			
	e						i	h	r	
	n						c			
			o	b	w	o	h	l		

⑥ In einigen Wörtern mit *h* steckt der Fehlerteufel.
So werden folgende Wörter immer wieder falsch geschrieben:
beinahe, ihm, ihn, ihr, mehr, ruhig, er sah, das ist wahr.
Bilde mit diesen Wörtern kurze Sätze, und diktiere sie deinem Partner.

⑦ Vielleicht schreibst du bestimmte Wörter mit *h* immer wieder falsch. Schau daraufhin dein Diktatheft durch, und stelle eine Wörterliste mit deinen Fehlerwörtern zusammen. Tausche mit deinem Nachbarn die Wörterlisten aus, und diktiert euch gegenseitig die Wörter.

⑧ Wählt euch einen Zeitungsartikel aus, und sucht die *h*-Wörter.

Bisher gibt es bei den Stadtwerken den Einzelfahrschein zu 1,60 Mark, die Mehrfachfahrkarte zu 1,20 Mark bzw. bei Kindern 80 Pfennig pro Fahrt, ferner die Monats- und Jahreskarte, die innerhalb der Familie frei übertragbar ist.

Erdkröten wandern wieder
(ha) Das milde Frühlingswetter hat die Erdkröten bereits aus ihrem Winterschlaf geweckt. Einige Wochen eher als gewöhnlich ziehen die Lurche zu ihren Laichplätzen in den Teichen. Um die bedrohten Tiere vor den Autos zu schützen, hat der Tierschutzverein während dieser Zeit Krötenzäune aufgestellt.

! Wenn ihr noch mehr üben wollt, findet ihr auf Seite 173 zwei Diktate.

R25 Die Auslaute *b, d, g*

Die Verlängerungsprobe

Immer wieder stellst du fest: Du hörst und sprichst oft anders als du schreibst. Eine Hilfe für die richtige Schreibweise ist dann die Verlängerungsprobe.

(1) Sprich die folgenden Wörter deutlich aus, und vervollständige sie anschließend.
ein Kor __ — viele Körbe

ein Hun __ — viele ... ein Pfer __ — viele ...
ein Flugzeu __ — viele ... ein Ber __ — viele ...

(2) Schreibe zu den folgenden Wörtern eine verlängerte Form.
das Rind — die Rinder,
er fand — sie fanden ...

Rind, fand, Rekord, Schlag, Wettbewerb, Betrug, Verb, Weg, halb, klug, Rand, Vertrag, Tag, Abend, Land, starb, lag, empfand

[3] Lege dir eine Tabelle an, und ordne die Wörter von Aufgabe (2) nach Adjektiven, Nomen und Verben.

(4) Suche zu jedem der folgenden Wörter ein Reimwort. Wähle aber nur Wörter, die mit *d* geschrieben werden. Du kannst durch Verlängerung der Wörter herausfinden, ob sie mit *d* geschrieben werden.

Bad	?	rund	?	Rand	?	Wind	?	Hand	?	bald
?	Geld	?	Kind	?	Feld	?	gesund	?	Pfad	?

(5) Bilde mit den folgenden Nomen mindestens zehn sinnvolle Zusammensetzungen:
z.B. *Bergwerk, Werkzeug...*

BERG –	ZEUG –	RAUB –	STRAND –	LAND
ZEIT –	HAND –	HUND –	TREIB –	RAD
WIND –	STAND –	HALB –	KORB –	SCHLAG
BAND –	FLUG –	WERK –	JAGD –	FAHRT

[6] Aus den folgenden Wörtern kannst du Wörter mit der Endung *-end* bilden:
Wut – wütend.

auffallen, ausreichen, beruhigen, drohen, fragen, glänzen, kochen, krachen, lachen, leben, Leid, leuchten, passen, rasen, schallen, schlafen, täuschen, treffen, weinen, wissen, Wut

Bilde mit den neugebildeten Wörtern sinnvolle Sätze.
Du kannst in jedem Satz mehrere dieser Wörter verwenden.

[7] Stellt eine Wortfamilie zum Nomen „Ende" zusammen.
Ihr könnt dazu euer Wörterbuch benutzen.

(8) Die folgenden Wörter bereiten euch oft Schwierigkeiten.

eigentlich, hoffentlich, gelegentlich, ordentlich, versehentlich, öffentlich, wöchentlich, außerordentlich, wesentlich

a) Ordne sie in deinem Heft nach dem Alphabet.
b) Vervollständige mit Hilfe dieser Wörter die folgenden Sätze.

(1) (?) ist Tim mein Freund.
(2) Trotzdem streiten wir uns (?) .
(3) Gestern habe ich ihm (?) auf den Fuß getreten.
(4) Da hat er (?) laut gebrüllt.
(5) Morgen spielen wir (?) wieder zusammen.
(6) Tims Zimmer ist immer sehr (?) .
(7) Ich finde, das ist nicht so (?) .
(8) Mir reicht es, wenn ich einmal (?) aufräume.

c) Ein Wort kannst du nicht einsetzen.
Vielleicht fällt dir dazu ein Satz ein.

! Übungsdiktate findest du auf Seite 152.

Wörter mit *-ig*

①

billig	Honig	König	wichtig	giftig
wenig	fertig	tüchtig	Pfennig	neugierig
völlig	eklig	traurig	eilig	ruhig
lässig	fleißig	zufällig	rostig	schmutzig

Mit *-ig* gibt es eine Fülle von Wörtern. Hier im Kasten stehen einige wichtige von ihnen. So kannst du sie üben:

- Bilde mit den Adjektiven und einigen Nomen, die du hinzufügst, Wortgruppen im Plural: *billige Sachen, rostige Nägel …*
  Sprich die Wortgruppen deutlich. Das Suffix *-ig* wird hier gesprochen wie geschrieben.
- Bilde Sätze, in denen möglichst viele dieser Wörter vorkommen. Wer schafft den Satz mit den meisten *-ig*-Wörtern?
- Ordne die Wörter im Kasten nach dem Abc.
- Diktiert euch die Wörter gegenseitig.
- Suche weitere Wörter mit *-ig*. Du findest sie häufig in Werbetexten.
- Fertige für deinen Tischnachbarn ein *Wörtersuchspiel* (siehe S. 127) an.

②

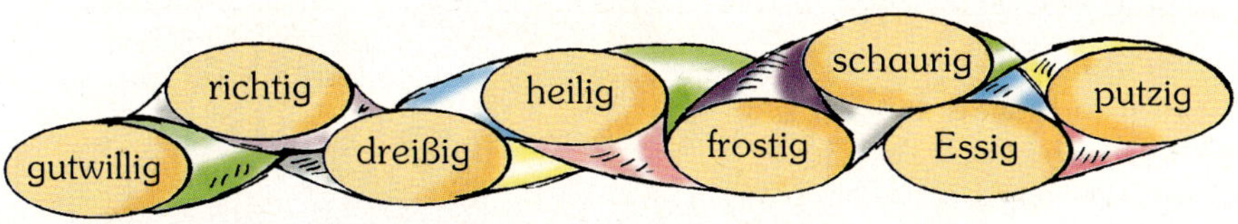

Zu diesen Wörtern findest du im oberen Kasten Reimwörter.
Schreibe Reimpaare auf: *richtig - wichtig …*

Wörter mit *-lich*

①

Bilde aus den Nomen Adjektive mit *-lich: ängstlich …*

② Die folgenden Wörter prägst du dir am besten gut ein, da du sie beim Schreiben öfter gebrauchst.

ähnlich	deutlich	eigentlich	nämlich
fröhlich	hoffentlich	möglich	plötzlich
schließlich	niedlich	wirklich	ziemlich

In Aufgabe ① auf Seite 131 findest du verschiedene Vorschläge, wie du auch mit diesen Wörtern üben kannst.

③ Setze in den folgenden Text beim Abschreiben *-ig* oder *-lich* ein. Im Zweifelsfall schlage im Wörterbuch nach.

Zelten

End? waren wir auf dem herr?en Campingplatz bei Weimar eingetroffen. Es war nicht schwie?, ihn zu finden. Wir wurden freundl? empfangen und hatten schnell einen ruh?en Platz gefunden. Unser Zelt nahm sich zwischen den wesent? größeren recht winz? aus. Im nahen Bach sollte es richt?e Forellen geben! Für das Abendbrot wollten wir et?e fangen. Sie waren aber zu glitsch?, man konnte sie unmög? mit der Hand erhaschen. Schließ? machten wir uns nur scheuß? schmutz?.

4 Manchmal zeigen unterschiedliche Suffixe beim gleichen Wortstamm unterschiedliche Bedeutungen an:

gütig – *gütlich,*
zeitig – *zeitlich,*
vierzehntägig – *vierzehntäglich.*

a) Kläre die unterschiedlichen Bedeutungen.
b) Bilde Sätze mit den Wortpaaren.

! Übungsdiktate findest du auf Seite 174.

R26 Wörter mit Doppelkonsonanten

Wörter mit *ff, ll, mm, nn, tt*

Ihr findet hier einige Vorschläge, wie ihr Wörter mit Doppelkonsonanten spielerisch wiederholen und üben könnt.

① Legt euch im Heft nach folgendem Muster eine Tabelle an.

Nomen	Verben	Adjektive	sonstige Wörter	Punkte

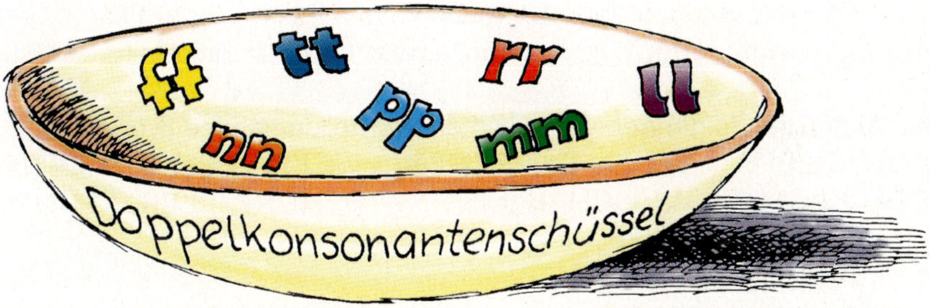

Einer von euch tippt mit geschlossenen Augen in die Doppelkonsonantenschüssel. Zu dem getippten Doppelkonsonanten schreibt jeder passende Wörter in seine Tabelle. Wer zuerst alle Spalten ausgefüllt hat, ruft: „Stop!"
Nach einer Spielrunde tauscht ihr eure Tabelle mit dem Nachbarn aus und überprüft, ob die Wörter richtig geschrieben und richtig zugeordnet sind.
Für jedes richtige Wort gibt es einen Punkt.

② Für dieses Spiel braucht ihr einen Würfel.
Mit dem ersten Wort erwürfelst du eine Wortart, mit dem zweiten einen Vokal und mit dem dritten einen Doppelkonsonanten.

⚀ freie Auswahl	⚀ a	⚀ ff
⚁ Verb	⚁ e	⚁ ll
⚂ sonstige Wörter	⚂ i	⚂ mm
⚃ Adjektiv	⚃ o	⚃ nn
⚄ freie Auswahl	⚄ u	⚄ rr
⚅ Nomen	⚅ ä, ö, ü	⚅ tt

Lisa würfelt im 1. Wurf ⚅ (*Nomen*), im 2. Wurf ⚃ (*o*), im 3. Wurf ⚁ (*ll*).
Sie schreibt nun so viele Wörter auf, wie ihr zu dieser gewürfelten Kombination einfallen: *Scholle, Wolle, Rolle.* Für jedes richtige Wort erhält sie einen Punkt.
Nun ist der nächste Spieler dran.

③ Die folgenden Wörter mit Doppelkonsonanten solltest du dir merken:
alle, beginnen, bellen, bestimmt, billig, dann, denn, fallen, geschafft, geschnitten, gespannt, gewinnt, hatte, immer, kaputt, kennen, klettern, kommen, können, Mittag, nimmt, offen, schlimm, schnell, sollen, spannend, still, stimmt, treffen, trifft, weggenommen, wenn, wollen, zusammen.

a) Ordne sie nach den Doppelbuchstaben *ff, ll, mm, nn, tt.*
b) Bilde mit einigen dieser Wörter Wortfamilien: *stimmen, stimmt, bestimmt ...*
c) Schreibe Sätze auf, in denen mehrere dieser Wörter vorkommen.
Die Sätze können auch witzig sein: *Dann begann der Mann zu bellen.*
d) Du kannst auch mit einigen dieser Wörter eine kleine Geschichte schreiben.

④ Achtung! Die folgenden Wörter schreibt man nur mit einfachen Konsonanten (keine Konsonantenverdoppelung). Schreibt mit den Wörtern kurze Sätze.
warum, heraus, daran, herum, darin, hinauf, heran, Schülerin (aber: Schülerinnen!)

5 Stelle aus den folgenden vertauschten Wortteilen richtige Wörter her:

PAPPTREPPE	MÜLLSCHWIMMEN	WETTLAPPEN	SUPPENFERIEN
ROLLKARTON	WASCHABFUHR	SCHUBTELLER	SOMMERKARRE

Wortzusammensetzungen mit drei gleichen Konsonanten

Durch die Zusammensetzung von Wörtern treffen manchmal drei gleiche Konsonanten aufeinander, z. B. *Schiff – Fahrt.*
Man schreibt nur zwei Konsonanten, wenn ein Vokal folgt: *Schiffahrt.*
Man schreibt jedoch drei Konsonanten, wenn diesen gleichen Konsonanten noch ein anderer Konsonant folgt: *Fetttropfen.*
Bei der Silbentrennung erscheinen immer alle drei Konsonanten: *Schiff-fahrt, Fett-tropfen.*

① a) Bilde aus folgenden Bestandteilen sinnvolle Zusammensetzungen.
Entscheide, ob zwei oder drei Konsonanten geschrieben werden müssen.

Ballett	–	plakat	Klemm	–	fetzen
Papp	–	turnen	Auspuff	–	laufen
Brenn	–	tänzerin	Stoff	–	mappe
Wett	–	nessel	Schnell	–	flamme

b) Schreibe die Wörter untereinander in dein Heft.
Trenne sie in der zweiten Spalte: *Ballettänzerin – Ballett-tänzerin.*

! Ein Übungsdiktat findest du auf Seite 174.

R27 Die Lautverbindung *ks (x – cks – chs – ks – gs)*

Bei einer Reihe von Wörtern sprechen wir die Lautverbindung *ks* gleich, schreiben sie aber unterschiedlich: *Hexe – wechseln – Keks – Knacks – allerdings.* Aus der Aussprache kann man die Schreibung meistens nicht ableiten. Darum ist es notwendig, sich die Schreibweise der wichtigsten Wörter einzuprägen.

① Mit *x* gibt es nur wenige Wörter, die du in deinen Texten häufiger gebrauchst:
Hexe, extra, boxen, Text, fix, Axt, Taxi, Luxus, Lexikon, Praxis, mixen, feixen.
So kannst du sie dir einprägen:
- Ordne sie nach dem Abc.
- Diktiert sie euch gegenseitig.
- Suche einige Ableitungen oder Zusammensetzungen: *hexen, Extrapost …*
- Bilde vier Sätze mit Wörtern mit *x*. Verbinde sie inhaltlich:
  Axel und Max hatten den ganzen Nachmittag vor sich …
- Schreibe Wörter mit dem Präfix *ex-* auf: *Extrakt, explodieren …*

② Auch mit *chs* gibt es nur wenige gebräuchliche Wörter:
Fuchs, wachsen, Achse, Lachs,
Deichsel, sechs, Eidechse, Achsel,
Gewächs, Büchse, Wachs, Sachsen, Ochse.
Übe sie genau so wie in Aufgabe ① .

③ Bei einigen Wörtern mit *cks, gs* und *ks* kann man die Schreibung erschließen, wenn man auf den Wortstamm zurückgeht:
Knicks – *knicksen,*
allerdings – *das Ding,*
Volksfest – *das Volk.*
Übe die folgenden Wörter wie in Aufgabe ①.
Knacks, Klecks, links, Keks, Koks, längs, flugs.

④ Ergänze in den folgenden Sätzen die richtigen Buchstaben.
Wenn du unsicher bist, schlage im Wörterbuch nach.

(1) In Sa ? en-Anhalt wurde viel Fla ? angebaut.
(2) Da ? , Lu ? , einige Eide ? enarten und der La ? sind vom Aussterben bedroht.
(3) Der Bu ? baum ist ein immergrünes Ziergewä ? .
(4) Ein Leiterwagen hat eine Dei ? el, ein Rad hat eine A ? e.
(5) Te ? te, in denen He ? en und Ni ? en vorkommen, sind Märchente ? te.
(6) Ein He ? entrank enthält O ? enblut, Eide ? enschwänze und Mi ? turen aus Gewä ? en.
(7) Lin ? der Neiße liegt der Freistaat Sa ? en.

R28 Schwierige Vorsilben

Wörter mit der Vorsilbe *end-*

Die Vorsilbe *end-* kommt von dem Wort *Ende.*
Zusammengesetzte Wörter mit *end- (endgültig, Endpunkt)* erkennst du daran, daß die Silbe *end-* beim Sprechen betont wird.

(1)

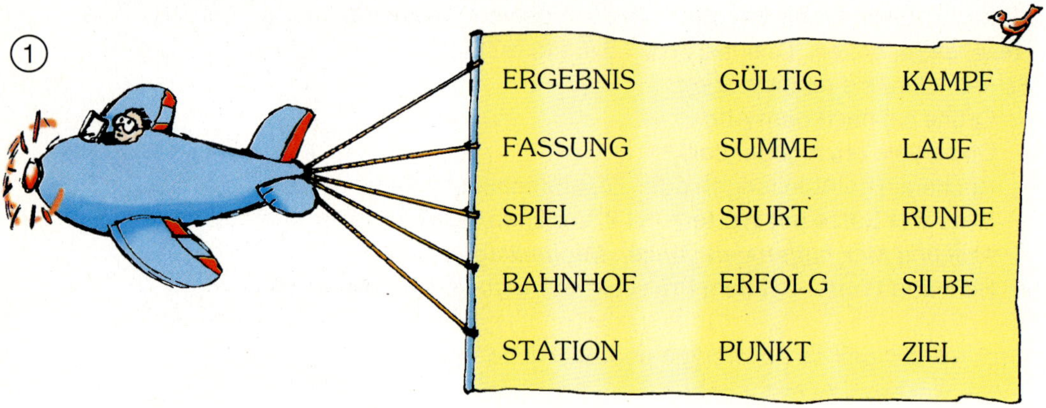

a) Setze die Wörter zusammen, und sprich sie deutlich aus.
   Merkst du, daß sie immer auf der ersten Silbe betont werden?
b) Schreibe die zusammengesetzten Wörter in dein Heft.
   Achte auf die Groß- und Kleinschreibung.

Wörter mit der Vorsilbe *ent-*

entfernt, Entscheidung, entstehen, entlang, entführen, entsetzlich, entdecken, entgegen, enttäuscht, entspannt, entlassen, entzwei, enthält, entziffern, entkommen, Entfernung

In diesem Kasten stehen einige Wörter mit der Vorsilbe *ent-,*
die zum Rechtschreibübungswortschatz gehören.

(1) Lies die Wörter laut vor, und stelle fest, auf welcher Silbe die Betonung liegt.

(2) So kannst du mit diesen Wörtern üben:
- Ordne sie nach dem Alphabet. Dabei mußt du auf die ersten Buchstaben nach der Vorsilbe achten!
- Verwende einige dieser Wörter in Sätzen, die du selbst bildest.

Wörter mit *end-* und *ent-*

① Diktiert euch die folgenden Sätze gegenseitig. Achtet auf die richtige Betonung! Kontrolliert euch sofort, damit ihr die Fehler gleich berichtigen könnt!

(1) Da waren die Eltern sehr enttäuscht.
(2) Am Sonntag war das Entscheidungsspiel.
(3) Claudia ist mir auf dem Bahnsteig entgegengekommen.
(4) In einer großen Entfernung sahen wir einen Hirsch.
(5) Mein Bruder ist gestern aus der Schule entlassen worden.
(6) Da hatten wir es endlich geschafft.
(7) Nun war das Spiel endgültig verloren.
(8) Die Wunde tat entsetzlich weh.
(9) Die Diskussion dauerte endlos lange.

② Lest euch zunächst die folgenden Wörter vor. Achtet auf die Betonung! Wenn sie auf der ersten Silbe betont werden, schreibt man immer *END.*

EN?LANG / EN?LICH / EN?ZWEI / EN?KOMMEN / EN?GÜLTIG / EN?LOS / EN?TÄUSCHUNG / EN?ERGEBNIS / EN?GEGEN / EN?SCHLUß / EN?GEGEN-GESETZT

3 Hier sind einige Wörter mit *ent-* umschrieben. Welche Wörter sind gemeint?

(1) Etwas finden, was noch keiner gefunden hat: *entdecken*
(2) Etwas wegnehmen: ?
(3) Mühsam etwas lesen: ?
(4) Etwas anstecken, so daß es brennt: ?
(5) Aus einer Sache noch einmal herauskommen: ?
(6) Jemandem die Maske vom Gesicht reißen: ?
(7) Jemanden hinauswerfen: ?
(8) Sich leicht und locker hinsetzen und … ?

4 Setze für die schräg gedruckten Wörter in den folgenden Sätzen immer ein Wort aus dem Silbenrätsel unten ein. Schreibe die vollständigen Sätze auf.

(1) Das Spielzeug ist *kaputt.*
(2) Sie hat sich *wegbegeben.*
(3) Er hat *furchtbar* geschrien.
(4) Sie hatten *schließlich* doch noch gewonnen.
(5) Die Geschichte war *sehr lang.*
(6) Sie erreichten die *letzte Runde* in dem Turnier.
(7) Die Straßenbahn ist *aus den Schienen gefahren.*

DE / END / END / END / ENT / ENT / ENT / ENT / FERNT / GLEIST / LICH / LICH / LOS / RUN / SETZ / ZWEI

! Weitere Diktattexte findet ihr auf Seite 175.

R29 Die *S*-Laute

① Lest einmal die folgenden Phantasiewörter laut und deutlich vor:

Flasse	Goße	Fause	Spase	Klüsse	Bröße
Glüsse	Tüße	Trose	Bläuse	Schlaße	Grisse

② Diktiert euch einige dieser Wörter. Wenn sie euer Partner deutlich ausspricht, müßtet ihr eigentlich auch wissen, wie sie geschrieben werden.

③ a) Schreibt diese Wörter ab, und unterstreicht den langen Vokal im Wort *(Goße)*, und unterpunktet den kurzen Vokal *(Flasse)*.
b) Zieht nun eine rote Linie unter alle *S*-Laute, die stimmhaft sind *(Bause)*, und eine blaue unter alle, die stimmlos sind *(Flasse)*.
c) Wer kann die folgenden Sätze vervollständigen?
(1) Ein stimmhafter *S*-Laut wird immer mit ? geschrieben.
(2) Ein stimmloser *S*-Laut wird immer mit ? oder ? geschrieben.
(3) Zwischen zwei kurzen Vokalen steht immer ?.

④ Suche zu jedem der Phantasiewörter oben ein richtiges Reimwort:
Flasse – Tasse; Goße – Soße; Bause – Hause …
Manchmal findest du vielleicht auch mehrere Reimwörter.
Wenn du unsicher bist, schlage aber unbedingt im Wörterbuch nach!

④ Wörter mit *S*-Lauten gehören zu den häufigsten in unserer Sprache. Ihr braucht nur einen beliebigen Text zu lesen, und schon findet ihr Wörter mit *s, ss* oder *ß*. Lest euch den folgenden Zeitungsartikel durch, und sucht alle Wörter heraus, in denen ein *S*-Laut in der Mitte oder am Ende eines Wortes steht *(Grimassen)*.

Grimassen-Künstler

Ganz schön häßlich: John Bryan heißt der englische Sieger im Grimassenschneiden. Er errang den Titel des Häßlichsten im Lande. Als krasser Außenseiter war er in den Wettbewerb gegangen. Er kann seine große Nase unter die Unterlippe klemmen und beeindruckte vor allem durch seine äußerst beweglichen Nasenflügel. Außerdem kann er noch das linke Auge aufreißen, wobei das rechte geschlossen bleibt.
Ein würdiger Sieger.

Wörter mit *ß*

Wörter, die zwischen zwei kurzen Vokalen ein *ss* haben, werden immer dann mit *ß* geschrieben, wenn der zweite Vokal wegfällt:
Schüsse – Schuß – *fressen – frißt.*
Ausnahme: Wörter mit der Endung *-nis* und Fremdwörter,
Hindernisse – Hindernis – *Omnibusse – Omnibus.*

(1) Wie lautet der Singular von folgenden Wörtern? Er wird immer mit *ß* geschrieben.
Schüsse, Flüsse, Schlösser, Regengüsse, Schlüsse, Bässe, Küsse, Nüsse, Pässe

(2) Bilde zu den folgenden Wörtern das Präteritum: *sitzen – ich saß.*
sitzen, essen, fressen, vergessen, wissen, müssen, lassen, vergessen

[3] Schreibe mit den Wörtern der Aufgabe (2) Sätze in der Vergangenheitsform:
Gestern saß ich vor dem Fernseher.

(4)

fassen	schließen	beißen	fließen
beißt	Gebiß	Schloß	Biß
Schluß	unfaßbar	Faß	floß
Fassung	ein bißchen	flüssig	Verschluß
Fluß	Gefäß	angefaßt	Flüsse
schließlich	gebissen	Schlüssel	geflossen

Diese Wörter lassen sich zu vier Wortfamilien ordnen: *beißen, beißt …*
Findest du zu jeder dieser Wortfamilien noch weitere Wörter?

(5) Folgende Wörter mit *ß* solltest du dir unbedingt merken:
außerdem, ein bißchen, draußen, groß, mußte, einigermaßen, ich weiß.
Schreibe einen kleinen Text in dem alle Wörter vorkommen.

(6) Bilde zu den folgenden Wörtern die Einzahl (Singular): *die Maße – das Maß.*
Maße, Füße, Späße, Grüße, Klöße, Stöße, Gefäße, Schöße

(7) Das Präfix *miß-* wird immer mit *ß* geschrieben: *Mißerfolg – mißmutig – mißlingen.*
a) Welche Wörter kannst du mit dem Präfix *miß-* bilden?

	gunst		gestimmt		achten
Miß–	brauch	miß–	trauisch	miß–	glücklich
	…		…		…

b) Verwende sechs Wörter in Sätzen.

! Einen Diktattext findet ihr auf der Seite 175.

G30 Das Wörtchen *daß*

Oft schreibt man das Wort *daß* falsch, und man vergißt, daß vor dem *daß* ein Komma stehen muß. Das Wörtchen *daß* hat vor allem die Aufgabe, einen angefangenen Gedanken fortzusetzen:
Ich hoffe (was denn?), *daß du bald kommst.*
Sascha dachte daran (woran denn?), *daß er noch viel zu tun hatte.*

① Das Wörtchen *daß* steht häufig in Sätzen, die mit folgenden Verben beginnen:

hören, sehen, finden, meinen, hoffen, glauben, sagen, wissen, schreiben, sich freuen

Bilde mit diesen Verben Sätze nach dem folgendem Muster. Vergiß das Komma nicht!
Ich höre, daß Peter nach Hause kommt.

(1) Torsten .... Tanja recht hat.
(2) Wir .... das Wetter bald besser wird.
(3) Alle .... es bald Ferien gibt.
(4) Ich .... du unrecht hast.
(5) Petra .... sie sich über unseren Brief gefreut hat.
(6) Du .... wir uns über dich ärgern.
(7) Sascha .... das Spiel keinen Spaß mehr macht.

② Hier sind einige Sätze aus einem Schülerbrief. Berichtigt sie gemeinsam!

Ich habe gehört das Du nicht kommen willst.	IZ
Wir finden es alle schade, das Du abgesagt hast.	I
Dabei wissen wir daß Du gern mit uns feiern würdest.	Z
Wir meinen das ohne Dich die Feier richtig langweilig wird.	IZ
Mein Onkel hat gesagt das Du am besten mit der Musikanlage umgehen kannst.	IZ
Ich finde auch daß du immer gute Schallplatten ausgesucht hast.	Z
Wir hoffen daß Du es Dir noch anders überlegst.	Z
Glaubst du nicht das da noch etwas zu machen ist?	IZ

③ Vervollständige die folgenden Sätze.
Sie werden immer mit *daß* geschrieben. Achte auf das Komma!

(1) Ich glaube – sie hat recht. (2) Du merkst – du hast etwas vergessen. (3) Er hört – der Wecker rasselt. (4) Sie hofft – die Klasse wird gewinnen. (5) Er fühlt – er hat Angst. (6) Sie freut sich – er hat etwas mitgebracht. (7) Ich rechne damit – das Fahrrad wird in Ordnung gebracht. (8) Er meint – das Klassenfest wird stattfinden. (9) Wir glauben – den Neuen mögen alle. (10) Er merkt – alle warten gespannt auf ihn. (11) Sie freut sich – es gibt einen neuen Musiklehrer.

4 In den folgenden Sätzen müßt ihr *daß* und *das* unterscheiden.
Diktiert euch die Sätze gegenseitig, oder schreibt sie richtig ab.
Übrigens: Zwei Aussagen sind falsch! (Es kommen sieben *daß* und drei *das* vor!)

Wahrheit oder Jägerlatein?

(1) Kannst du dir vorstellen, (?) das längste Tier, (?) man gefunden hat, ein Fadenwurm von 54 Metern Länge war?
(2) Stimmt es wohl, (?) die älteste Schildkröte mehr als 150 Jahre alt geworden ist?
(3) Ist es richtig oder falsch, (?) ein Kaninchen, (?) ein Jäger im Münsterland geschossen hat, über zwei Meter groß war?
(4) Es wird behauptet, (?) der größte Affe, den man gefunden hat, über drei Zentner schwer war?
(5) Glaubst du, (?) ein Ei vom Vogel Strauß, (?) man in Afrika fand, größer als ein Fußball war?
(6) Wußtest du schon, (?) es einen Kater gab, der in seinem Leben über 22000 Mäuse gefangen hat?
(7) Stimmt es wohl, (?) es ein Lebewesen mit 710 Beinen gibt?

! Weitere Texte zum Üben findest du auf Seite 154.

R 31 Fremdwörter

Tagtäglich hören und verwenden wir Fremdwörter. Viele von ihnen sind schon so gebräuchlich geworden, daß wir sie nicht mehr als Fremdwörter erkennen.

1

Triumph der Platzherren

Das Interesse am Heimspiel des SC Gilzum war außerordentlich groß. Die Diskussionen um den möglichen Ausgang des Spiels nahmen erst ein Ende, nachdem es den Spielern gelungen war, (1) für die katastrophale Niederlage der letzten Begegnung zu nehmen. In einem hektischen, aber fairen Spiel wurde der haushohe (2) vor einer riesigen Kulisse von interessierten Zuschauern geschlagen. Ohne Respekt griffen die Platzherren an und nutzten ihre (3), nachdem dem Torwart der Konkurrenz ein grober Schnitzer bei der Abwehr eines Balles passiert war. Das (4) bedankte sich bei den Spielern für das interessante Spiel mit anhaltendem Beifall. Wem es gelang, der gratulierte der siegreichen Mannschaft und dem Trainer persönlich, als sie kaputt, aber glücklich den Platz verließen.

a) Lies den Text durch. An welche Stelle gehören die folgenden Fremdwörter?

Re|van|che [re'vã:ʃ(ə)], die; -, -n ⟨franz.⟩ (Vergeltung; Rache);

Favo|rit, der; -en, -en; ↑R 197 (Günstling; Liebling; *Sport* voraussichtlicher Sieger);

Pu|bli|kum, das; -s ⟨lat.⟩ (teilnemende Menschenmenge; Zuhörer-, Leser-, Besucher[schaft], Zuschauer[menge]; *auch für* die Umstehenden); das breite -;

Chan|ce ['ʃã:s(ə), *auch* 'ʃaŋsə], die; -, n ⟨franz.⟩ (günstige Gelegenheit; *meist Plur.:* Aussichten auf Erfolg)

b) In dem Text sind weitere Fremdwörter markiert worden. Klärt ihre Bedeutung, und schlagt in Zweifelsfällen in einem Wörterbuch nach.

c) Stelle in einer Liste zu den gekennzeichneten Wörtern weitere Beispiele mit dem gleichen Wortstamm zusammen:
Interesse, interessiert, interessant ...
Diskussion, ...

d) Die Schreibung dieser Fremdwörter könnt ihr sehr gut üben, wenn ihr euch gegenseitig Wörter aus dieser Liste diktiert. Berichtigt aber sofort eure Fehler.

② Ordnet die folgenden Fremdwörter nach den Bereichen *Schule, Essen/Trinken, Technik.* Klärt ihre Bedeutung.

Apparat, Automat, Diktat, Frikassee, Kaffee, Korrektur, Kotelett, Lineal, Literatur, Maschine, Mikrofon, Omelett, Reparatur, Telefon, Zensur

3 a) Bei allen Wörtern in Aufgabe ② handelt es sich um Nomen. Mit einigen von ihnen kannst du auch Verben bilden. Du kannst dazu ein Wörterbuch benutzen.
Automat – automatisieren
Diktat – ...

b) Bilde mit den Verben Sätze. Es können auch witzige Sätze sein.
Zum Korrigieren meiner Hausaufgaben suche ich eine vollautomatische Hausaufgabenherstellungsmaschine.

c) Suche weitere Verben mit der Endung *-ieren.*

4 Bilde aus den Wortschlangen und den Endungen Wörter. Kennst du noch weitere Fremdwörter mit diesen Endungen? *(Sensat? , Jagu? , Subj? , Komment? , Konzentrat? , Febru? , Kommun? , Proj?)*

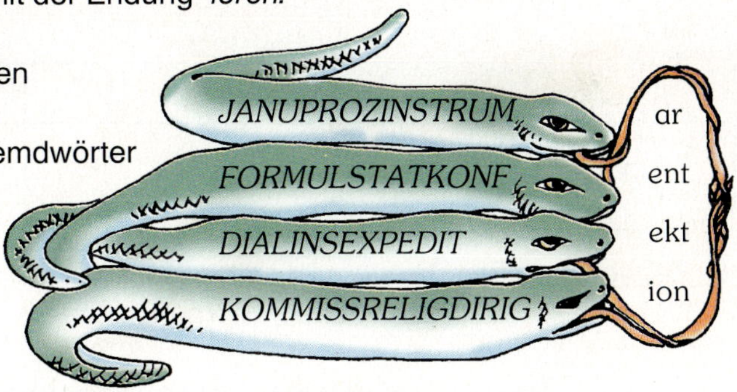

5 Folgende Fremdwörter sind nicht einfach zu schreiben:

Rhythmus, Aggression, Idee, experimentieren, Kassette, Familie, Information, Programm, Theater, Material, Fabrik, Jeans, Büro, Charakter, Toilette

Klärt ihre Bedeutung. Du kannst ihre Schreibung auf verschiedene Weise üben:

- Du kannst die Wörter nach dem Alphabet ordnen.
- Du kannst mit ihnen Sätze bilden.
- Du kannst mit einem Partner Wortdiktate schreiben.
- Du kannst versuchen, möglichst viele von ihnen in einem Unsinntext zu verwenden.
- Du kannst mit deinem Nachbarn „Schiffe versenken“ spielen. Anstelle der Schiffe verwendet ihr schwierige Wörter.

6 Auch in Zeitungen findet ihr häufig Fremdwörter. Bringt einen Zeitungstext mit, und markiert die Fremdwörter. Klärt gemeinsam die Bedeutung dieser Wörter.

Fremdwörter mit *i, ie, ieren*

Bei Fremdwörtern mit lang gesprochenem *i* schreiben wir meist im Inlaut ein *i (Maschine)* und im Auslaut ein *ie (Industrie)*.
Beachte: Es gibt viele Verben auf *-ieren* und von ihnen abgeleitete Substantive (Nomen): *regieren – Regierung.*

(7) a) Schreibe die folgenden Fremdwörter in eine Tabelle.
Bist du dir über die Schreibweise unsicher, schlage im Wörterbuch nach.

Apfels ? ne, Chem ? , Demokrat ? , dress ? ren, Droger ? , Energ ? , experiment ? ren, Formul ? rung, Gard ? ne, Harmon ? , import ? ren, Jasm ? n, Kolon ? , konstru ? ren, konzentr ? ren, Law ? ne, Mandar ? ne, Mediz ? n, Melod ? , not ? ren, Pral ? ne, Prinz ? p, reag ? ren, Ru ? ne, stud ? ren, Term ? n, Terpent ? n, transport ? ren, Vent ? l, Viol ? ne, zit ? ren

- i -	- ie	- ieren
Apfelsine	Chemie	dressieren

b) Bei welchen Fremdwörtern ist dir die Bedeutung nicht klar?
Kläre sie im Gespräch oder durch Nachschlagen.

(8) Schreibe den Text ab, und setze die richtige I-Schreibung ein.

Wir fahren mit dem Auto in die Ferien

(1) Vor der Reise diskut ? ren wir in der Familie viele Fragen, die alle interess ? ren. (2) Das Ziel der Reise und den Weg mark ? ren wir auf der Landkarte. (3) Wir stud ? ren die Geograph ? der Urlaubsgegend. (4) Das Auto kontroll ? ren wir auf seine Betriebssicherheit. (5) Luftdruck, Reifen, Vent ? le, Bremsen, Beleuchtung und Lenkung müssen in Ordnung sein und funktion ? ren. (6) Überprüft wird auch, wieviel L ? ter Benz ? n im Tank und wieviel K ? lo Gepäck zu tranport ? ren sind.
Nun kann eigentlich nichts mehr pass ? ren.

(9) Setze die mathematischen Fachbegriffe ein.

17 + 4 = *wir* ....

17 – 4 = ...

18 · 2 = ...

18 : 2 = ...

! Auf Seite 176 findet ihr weitere Partnerdiktate.

R32 Zusammen oder getrennt?

Ob man zwei Wörter zusammenschreibt oder nicht, läßt sich oft nur schwer entscheiden. Auch Wörterbücher nützen bei dieser Frage meistens wenig, da es auf den Satzzusammenhang ankommt. In einigen Fällen hilft es aber, deutlich zu betonen.

Wenn man das erste Wort betont, schreibt man zusammen:	Wenn man beide oder nur das zweite Wort betont, schreibt man getrennt:
zusammenschreiben (Du kannst diese Wörter zusammenschreiben)	zusammen schreiben (Laß uns den Brief zusammen schreiben)

(1) Versucht, diese Beispiele entsprechend zu lesen.

(2) Bilde jeweils zwei Sätze, in denen die folgenden Wörter einmal getrennt und einmal zusammengeschrieben werden.

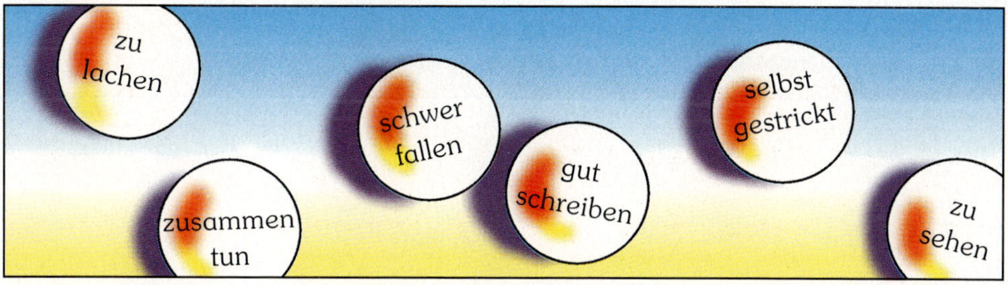

(3) In vielen Fällen werden zwei Wörter zusammengeschrieben, wenn sie durch ihre Verbindung eine neue Bedeutung bekommen haben. Getrennt werden sie dagegen geschrieben, wenn ihre eigene Bedeutung erhalten geblieben ist.

Neue Bedeutung	Eigene, ursprüngliche Bedeutung
Diese Woche ist schnell herumgegangen (= vergangen).	Er ist im Kreis herum gegangen.
Peter kann nicht dichthalten (= schweigen).	Der Schlauch wird wohl jetzt dicht halten.
Er wird in der Schule sitzenbleiben (= nicht versetzt).	Er sollte auf der Bank sitzen bleiben.

Übertrage die Tabelle in dein Heft, und ergänze sie durch weitere Beispiele.

(4) Diktiert euch gegenseitig die folgenden Sätze. Denkt an die Merkhilfen!

Am Montag will Fred blaumachen.
Tonios Vater will uns heute freihalten.
Bitte nichts auf den Tischen liegenlassen!
Du mußt nicht immer so schwarzsehen!
Tina ist schon einmal sitzengeblieben.
Ich möchte, daß du mich am Sonntag etwas länger liegen läßt.
Bei Frau Müller dürfen wir immer auf unseren Plätzen sitzen bleiben.
Er möchte die Wand blau malen.

(5) Überlegt euch Betonungshilfen, oder ersetzt die zusammengeschriebenen Wörter durch Wörter mit ähnlicher Bedeutung.

(6) Die folgenden Wörter mußt du dir gut merken. Bilde Sätze mit ihnen.

Wörter, die **zusammengeschrieben** werden.	
spazierengehen	manchmal
radfahren	einmal
kennenlernen	zweimal
teilnehmen	wieviel
Wörter, die getrennt geschrieben werden.	
Auto fahren	so daß
manches Mal	gar nichts
einige Male	wie viele

(7) Diktiert euch die folgenden Sätze gegenseitig.

(1) Bei unserem Museumsbesuch haben wir alte Handwerksberufe kennengelernt.
(2) Einige von uns wollten an einer Führung durch das Museumsdorf teilnehmen, andere wollten lieber spazierengehen.
(3) Manchmal meint man, daß sich einige für gar nichts interessieren.
(4) Einige Male haben wir uns darüber gestritten, wie viele Unternehmungen wir nun machen wollten.

! Ein Übungsdiktat findest du auf Seite 177.

R33 Groß- und Kleinschreibung

Nomen, die oft falsch geschrieben werden

Du hast gelernt, daß Satzanfänge und Nomen groß geschrieben werden. Vielleicht erinnerst du dich auch noch an Erkennungszeichen, die dir helfen können, Nomen in einem Text zu finden:

- Vor Nomen steht häufig ein **Artikel** (*der* Fisch, *eine* zerbrochene Scheibe).
- Nomen werden oft von einem **Pronomen** begleitet (*mein* Computer, *deine* Uhr).
- Manche Nomen kann man an ihren Endungen erkennen (Acht*ung,* Schön*heit,* Vergeßlich*keit,* Ärger*nis,* Eigen*schaft,* Alter*tum*).

(1) Leider gibt es jedoch viele Nomen, die nicht so einfach zu erkennen sind und deren Schreibung man sich einprägen muß.

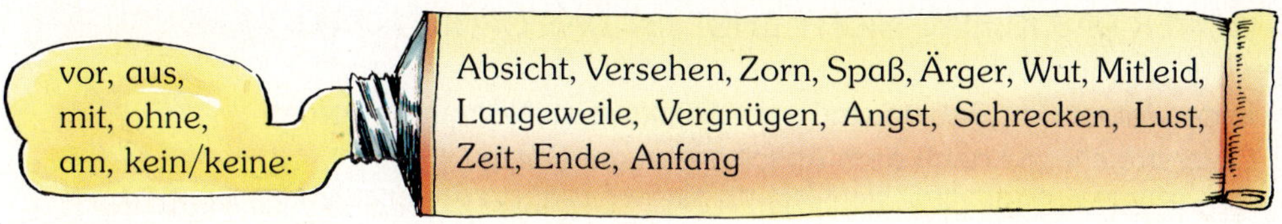

Die Wörter im rechten Teil der Abbildung werden groß geschrieben.
Sie werden meistens im Zusammenhang mit den Wörtern *vor, aus, mit, ohne, am, kein/keine* verwendet.
Welche Wörter passen zusammen? Ordne so: *vor Wut, vor ...*
aus Versehen, aus ...

(2) Bilde mit möglichst vielen Wörtern von Aufgabe (1) Beispielsätze.
Es können auch Witz- oder Unsinnsätze sein.
Aus Versehen hatte er seine Hausaufgaben schon zu Hause gemacht.

(3)

im Augenblick, Bescheid sagen, zu Ende, im Ernst, beim Fernsehen, nach Hause, viel Spaß, mit Absicht, eine Zeitlang, zum Glück, einige Zeit

Diese Nomen werden häufig falsch geschrieben. Um sie euch einzuprägen, könnt ihr die Schreibung dieser Wörter auf verschiedene Weise üben:

- Ihr könnt euch die Wörter gegenseitig diktieren.
- Ihr könnt mit ihnen Sätze bilden.
- Ihr könnt eine Geschichte schreiben, in der möglichst viele dieser Wörter vorkommen.
  Vielleicht schafft es sogar jemand, alle Wörter zu verwenden.

Aus Adjektiven können Nomen werden

Adjektive schreibt man klein: der *faule* Apfel, eine *gute* Geschichte. Aus Adjektiven können aber auch Nomen werden. Sie werden dann groß geschrieben. Woran kann man erkennen, daß Adjektive zu Nomen werden?

1. Erkennungszeichen: Artikel

Adjektive schreibt man groß, wenn sie allein mit einem Artikel *(der, die, das)* stehen:

der Faule, das Gute.

① Hier sind einige ältere und neuere Sprichwörter.
Achte beim Aufschreiben der Sätze auf die Großschreibung der Adjektive!
(1) WIE DIE ALTEN SUNGEN, SO ZWITSCHERN AUCH DIE JUNGEN.
(2) DIE FAULEN HABEN IMMER FEIERTAG.
(3) DAS SCHLECHTE IST NIEMALS DAS RECHTE.
(4) WER DAS KLEINE NICHT EHRT, IST DAS GROßE NICHT WERT.

② In den folgenden Sätzen sind acht Adjektive zu Nomen geworden.
Unterstreiche sie nach dem Abschreiben der Sätze.
(1) MEISTENS SIEGEN IN DEN FILMEN DIE GUTEN ÜBER DIE BÖSEN.
(2) ER SUCHT SICH DAS BESTE AUS.
(3) DIE GROßEN SIND DEN KLEINEN NICHT IMMER ÜBERLEGEN.
(4) DAS NEUE IST IMMER BESONDERS SPANNEND.
(5) DIE VORSICHTIGEN HABEN MEISTENS MEHR GLÜCK ALS DIE VOREILIGEN.

2. Erkennungszeichen: alles, etwas, nichts, viel, wenig

Wenn diese kleinen Wörter vor Adjektiven stehen, werden die Adjektive zu Nomen und deshalb groß geschrieben:

alles Gute, viel Schönes.

③ Bilde mit den folgenden Adjektiven kurze Sätze,
in denen sie einmal klein und einmal groß geschrieben werden müssen.
Wir haben ein altes Auto. Etwas Altes muß nicht schlecht sein.
alt, besser, böse, gut, faul, groß, klein, lieb, neu, schlecht, schön, schwer

④ Schreibe die folgenden Sätze richtig auf. Achte auf die Erkennungszeichen.
(1) WIR WÜNSCHEN EUCH ALLES GUTE!
(2) REDE NICHTS SCHLECHTES ÜBER ANDERE MENSCHEN!
(3) DU HAST DIR JA ETWAS SCHÖNES EINGEBROCKT.
(4) ER HATTE NICHTS BESSERES ZU TUN, ALS SEINE FREUNDE ZU VERPETZEN.

(5) Der folgende Text ist zum Üben.
Ihr könnt ihn richtig abschreiben oder euch gegenseitig diktieren.
Achtung! Zwölf Adjektive sind zu Nomen geworden.

Hundefreundschaft

SEIT EINIGER ZEIT HABEN WIR EINEN ZWEITEN HUND. ES IST EIN SCHWARZER MISCHLINGSRÜDE, DER SCHON DOPPELT SO GROß WIE UNSER ALTER DACKEL IST. DER DACKEL MOCHTE DEN NEUEN ZUERST GAR NICHT LEIDEN UND WAR FURCHTBAR EIFERSÜCHTIG. DOCH DANN PASSIERTE ETWAS SELTSAMES.
ICH SPIELTE MIT BEIDEN TIEREN IM GARTEN UND BEFÜRCHTETE NICHTS BÖSES. ABWECHSELND WARF ICH IHNEN EINEN BALL ZU. DER SCHWARZE HATTE ABER NICHTS BESSERES ZU TUN, ALS DEM DACKEL DEN BUNTEN BALL WEGZUSCHNAPPEN. DAS BEDEUTETE NICHTS GUTES. ICH ÜBERLEGTE SCHON, WIE ICH DEN GROßEN VOR DEM GIFTIGEN ALTEN BESCHÜTZEN KÖNNTE, ALS ETWAS ERSTAUNLICHES GESCHAH. DIE BEIDEN TIERE FINGEN AN, GEMEINSAM MIT DEM BALL ZU SPIELEN. SIE TOBTEN IM GANZEN GARTEN, UND DAS BESTE AN DIESEM VORFALL WAR, DAß DER GROßE UND DER KLEINE SEITDEM DICKE FREUNDE SIND.

Wenn ihr Zweifel habt, schlagt in eurem Wörterbuch nach!

bes|ser: auf diesem Weg kann ich besser gehen, *aber* dem Kranken wird es bald bessergehen; du mußt es besser wissen – es ist besser, daß ...; jemanden eines Besseren/Beßren belehren – sich eines Besseren/Beßren besinnen – eine Wendung zum Besseren nehmen – ich habe nichts Besseres zu tun; **bessergestellt**: die bessergestellten Arbeiter, *aber* ich bin gehaltlich besser gestellt als du; die **Besserung/Beßrung,** der **Besserwisser; bessern,** sich bessern

be|ste: der beste Freund, das beste Buch – er hat den besten Willen – es steht nicht zum besten mit ihm – jemanden zum besten halten – nach bestem Wissen handeln – das Leben von der besten Seite sehen – einen Witz zum besten geben – am besten; sich das Beste aussuchen – auf das Beste hoffen – er ist in seiner Klasse der Beste – zum Besten der Armen – er hat sein Bestes getan – etwas Besseres; **bestenfalls**

6 Entwickelt ein Übungsdiktat von fünf Sätzen,
in dem ihr Adjektive, die zu Nomen werden, verwendet.
Ihr könnt dazu euer Wörterbuch zu Hilfe nehmen.
In Partnerarbeit diktiert und überprüft ihr eure Texte.

Aus Verben können Nomen werden

Verben werden klein geschrieben: Wir *gehen* ins Schwimmbad.
Aber auch aus Verben können Nomen werden. Sie werden dann groß geschrieben.

1. Erkennungszeichen: Artikel

In Verbindung mit einem Artikel werden Verben groß geschrieben.

Das Gehen fällt mir schwer.

Das schnelle Gehen fällt mir schwer.

(1) Formuliere Verbote, in denen das unterstrichene Verb als Nomen verwendet wird. Beachte die Großschreibung! *Das Zelten auf dem Grundstück ist verboten.*

verboten …	auf dem Grundstück zu zelten
streng untersagt …	mit dem Fahrer zu sprechen
nicht gestattet …	die Anlage zu betreten
nicht erlaubt …	am Ufer zu baden
nicht erwünscht …	in der Schule zu rauchen

2. Erkennungszeichen: am, beim, zum, im, vom

Nach diesen Wörtern werden Verben groß geschrieben:

Die Klasse 6a wurde beim Laufen Sieger.

(2) Formuliere diese Sätze so um, daß aus den unterstrichenen Verben Nomen werden:
Er ist gestolpert, als er die Straße überquerte. – *Beim Überqueren …*
Sie brauchte viel Zeit, um aufzuräumen. – *Zum …*
Er wird leicht heiser, wenn er redet. – *Vom …*
Sie konnte sich gerade noch abstützen, als sie fiel. – *Im …*

3. Erkennungszeichen: Attribut

(3) Manchmal kommen Wortgruppen vor wie *lautes Schnarchen, hämisches Grinsen.* In solchen Wortgruppen wird das Verb zum Nomen und hat ein Adjektiv als Attribut bei sich.

③ a) Bilde Sätze, in denen das Verb zum Nomen gehört und damit groß geschrieben wird.
Das Adjektiv sollst du jeweils als Attribut zum Nomen verwenden:
scharf bremsen: Oft kann nur scharfes Bremsen einen Unfall vermeiden.

b) Suche selbst weitere Beispiele, und bilde damit Sätze.
Ihr könnt auch zu zweit üben.

④ In den folgenden Sätzen sind neun Verben zu Nomen geworden und werden deshalb groß geschrieben. Du findest sie, wenn du auf die Erkennungszeichen achtest.

(1) DAS LERNEN GEHÖRT BEI JUNGEN ELEFANTEN ZUM LEBEN.
(2) ERST NACH EINEM JAHR BEHERRSCHEN SIE DAS TRINKEN MIT DEM RÜSSEL.
(3) SO LANGE MUß DAS KALB BEIM TRINKEN MIT DEM MAUL ZUM WASSER HINUNTER.
(4) MIT ANDEREN JUNGTIEREN ÜBEN SIE DAS SPIELEN UND KÄMPFEN.
(5) SIE VERSUCHEN, SICH BEIM TOBEN MIT DEN RÜSSELN WEGZUSCHIEBEN.
(6) LAUTES TROMPETEN DER LEITKUH FORDERT SIE ZUM AUFHÖREN AUF.

⑤ Formuliere Sätze für eine Klassenordnung.
Verwende dabei einige der folgenden Verben als Nomen:
herausgehen, (Raum) verlassen, (Tafel) abwischen, (Papier) wegwerfen, (Tische) beschmutzen, toben (auf dem Flur), (Fenster) schließen, klingeln.
Denke daran, daß solche Ordnungstexte Formulierungen enthalten wie:
Vor dem Beginn des Unterrichts ..., Nach dem ..., Beim ..., Das ... .

6 In diesem Ausschnitt aus der Straßenverkehrsordnung sind neun Verben in Großbuchstaben gedruckt. Davon werden aber nur fünf groß geschrieben. Schreibt diese Wörter mit dem vorhergehenden Wort auf.

Aus der Straßenverkehrsordnung

Radfahrer müssen einzeln hintereinander FAHREN. Nebeneinander dürfen sie nur fahren, wenn der Verkehr dadurch nicht behindert wird. Sind Seitenstreifen für Radfahrer vorhanden, so ist das BENUTZEN dieser Fahrradwege Vorschrift. Dies gilt nicht für Fahrräder mit Hilfsmotor, die auf ebener Strecke nicht schneller als 25 km in der Stunde FAHREN können oder durch TRETEN fortbewegt werden. Wer zum ÜBERHOLEN ausscheren will, muß auf den nachfolgenden Verkehr ACHTEN. Notwendiges AUSSCHEREN ist rechtzeitig und deutlich anzukündigen. Nach dem ÜBERHOLEN muß man sich sobald wie möglich wieder nach rechts EINORDNEN.

Auch die vom Verb gebildeten Partizipien I (*lachend*) und II (*gelacht*) können zu Nomen werden: *der Lachende, der Ausgelachte.* Für die Entscheidung helfen dir wieder die drei Erkennungszeichen.

(7) Bilde mit den Partizipien I oder II von folgenden Verben Sätze, in denen sie groß geschrieben werden.
studieren – reisen – überraschen – verunglücken – anstellen

(8) Entscheide, ob im folgenden Text die Partizipien zu Nomen geworden sind, also groß geschrieben werden.

Max Müller gesucht

Der (g)eflüchtete ist 1,73 m groß. Seine Haare sind blond und (g)ewellt. Er hat eine (u)ntersetzte Figur. Beim (e)ntkommen aus der Haftanstalt hat er sich am rechten Bein (v)erletzt. Der (e)ntflohene trägt gestreifte Hosen, ein braunes Jackett und dunkle Schuhe. Zuletzt wurde der von der Polizei (v)erfolgte in H. (g)esehen. Zweckdienliche Hinweise können dem jeweiligen (d)ienstha-benden des nächsten Polizeireviers (g)emacht werden.

Die Schreibung von Zeitangaben

Am Mittwoch muß Imke nachmittags schon früh zu Hause sein, da sie mittwochs abends immer Handballtraining hat.
Auch bei der Schreibung von Zeitangaben gibt es Regeln und Erkennungszeichen, die dir helfen können, Fehler zu vermeiden.

1. Erkennungszeichen für die Großschreibung von Zeitangaben: Artikel und Präpositionen

Zeitangaben werden groß geschrieben, wenn vor ihnen Artikel oder Präpositionen stehen: *der Morgen, eines Morgens, gegen Morgen, am Morgen.*

① Schreibe auch für andere Tageszeiten oder Wochentage Zeitangaben auf, die groß geschrieben werden: *am Nachmittag, zum Dienstag ...*

2. Erkennungszeichen für die Kleinschreibung von Zeitangaben: das *-s* am Ende einer Zeitangabe

Zeitangaben schreiben wir klein, wenn kein Artikel davorsteht und sich am Ende des Wortes ein *-s* befindet: *morgens, mittags, nachts, montags ...*
Jetzt kannst du erklären, warum *des Abends* groß und *abends* klein geschrieben wird.

② Schreibe die folgenden Sätze richtig auf.

(1) WÄHREND DER SCHULZEIT STEHE ICH MORGENS UM SECHS UHR AUF.
(2) NUR DIENSTAGS VORMITTAGS BEGINNT MEIN UNTERRICHT ERST ZUR ZWEITEN STUNDE.
(3) MITTWOCH NACHMITTAGS HABE ICH EINE ARBEITSGEMEINSCHAFT.
(4) ICH BIN DANN ABENDS IMMER SEHR MÜDE.

3. Folgen zwei Zeitangaben nacheinander, dann wird die zweite Angabe klein geschrieben.

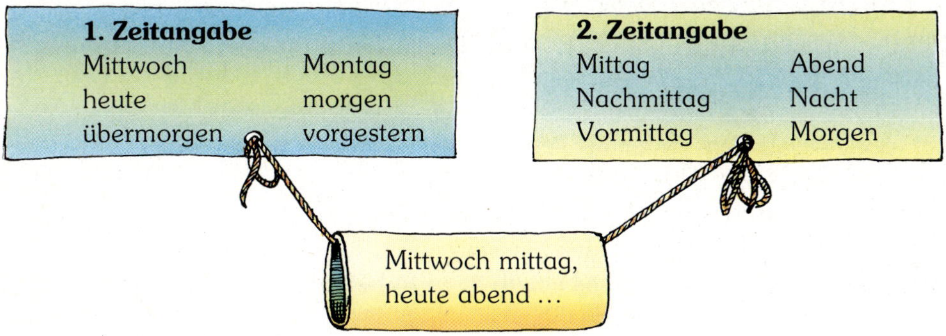

③ Bilde weitere Beispiele für zusammengesetzte Zeitformen.

(4) **Im Wörterbuch findest du unter den Stichwörtern „Abend“ und „Dienstag“ folgende Beispiele für die Schreibung von Zeitangaben:**

Abend:

der Abend
eines Abends
am Abend
diesen Abend
zu Abend essen
guten Abend
den Abend über
abends
gestern abend
heute abend
am Dienstag abend
dienstags abends

Dienstag:

der Dienstag
eines Dienstags
am Dienstag früh
am Dienstagabend
dienstags
dienstags abends

Ordne nun die folgenden Zeitangaben in eine Tabelle ein.

AM FREITAG, HEUTE, MORGEN FRÜH, DIENSTAGS MORGENS, GEGEN MITTAG, GESTERN, ÜBERMORGEN, VON MONTAGS BIS DIENSTAGS, EINES ABENDS, DES MITTAGS, DEN GANZEN NACHMITTAG, HEUTE NACHT, VORGESTERN, NACHMITTAGS, AM DONNERSTAG ABEND

groß geschriebene Zeitangaben	klein geschriebene Zeitangaben
am Freitag	?

(5) **In den folgenden Sätzen passen die Zeitangaben nicht zu den Beispielen. Schreibe die Sätze mit den richtigen Zeitangaben auf.**

(1) HÄHNE KRÄHEN BESONDERS GERN ABENDS.
(2) FLEDERMÄUSE JAGEN VORWIEGEND IN DER MITTAGSZEIT.
(3) DIE SCHULSTUNDEN ENDEN GEGEN ABEND.
(4) DIE KAUFHÄUSER SCHLIEßEN AM MORGEN.
(5) DIE WOCHE IST MONTAGS ZU ENDE.
(6) DAS KINDERPROGRAMM BEGINNT IM FERNSEHEN IMMER NACHTS.
(7) EINE SCHULWOCHE DAUERT VON DIENSTAGS BIS MITTWOCHS.

6 **Setzt in die folgenden Beispielsätze passende Zeitangaben ein. Schreibt die Sätze ab. Ihr könnt sie euch aber auch gegenseitig diktieren.**

In Großstädten haben wir (1) und (2) besonders starken Verkehr.
Bei uns sind die Geschäfte (3) geschlossen.
Friseurgeschäfte haben meistens am (4) ihren Ruhetag.
Karins Training ist am Mittwoch (5) .
Die Übertragung von großen Fußballspielen ist oft am (6) .
Wir essen in der Woche immer um 18.00 Uhr zu (7) .

Zum Üben und Wiederholen

① Schreibe mit einigen der folgenden Wörter eine kleine Geschichte:
Eines Abends begegnete dem Kater Felix auf seinem Weg nach Hause sein Feind, der Terrier Wulf. Eine ganze Weile überlegte er, ob ...

eines Abends	in Ordnung	am Morgen	in diesem Augenblick
nach Hause	aus Versehen	zum Dank	am Schluß
eine Weile	mit Absicht	zu Ende	im Streit
vor Wut	keine Schuld	nach einiger Zeit	im Nu

② Setze die passenden Adjektive ein.
Achte auf die Großschreibung.

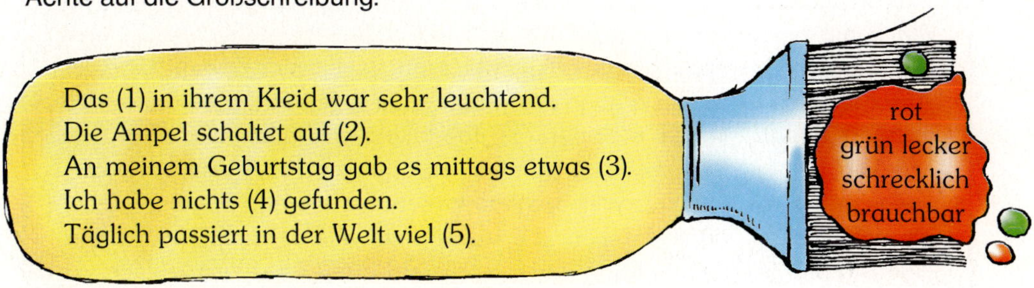

③ In einem Zoo kann man viel hören. Bilde mit den Wörtern Sätze nach folgendem Beispiel:
Man hört das Fauchen der ...

Affen	fauchen
Elefanten	schnattern
Enten und Gänse	lachen
Löwen	kreischen
Kinder	trompeten

④ Entscheide, ob im folgenden Text die Wörter in den Klammern groß oder klein geschrieben werden.
Ihr könnt den Text abschreiben oder euch gegenseitig diktieren.

Nach dem (schwimmen)

Nachdem wir das (schwimmen) so richtig genossen hatten, gingen wir mit unseren Freunden zum (duschen). Nur Klaus wollte sich gleich (anziehen). Wir bemerkten aber sehr schnell sein (verschwinden) und beschlossen, ihn unter die Dusche zu holen. Ihm half kein (schimpfen) und kein (toben). Wir fragten ihn, ob wir ihm etwas beim (einseifen) helfen sollten. Klaus aber fauchte, er würde auf unsere Hilfe (pfeifen). Zur Versöhnung liehen wir ihm ein Handtuch zum (abtrocknen).

⑤ Entscheide, ob in den folgenden Sätzen die unterstrichenen Wörter groß oder klein geschrieben werden. Begründe deine Entscheidung.

(1) Heute habe ich etwas KOMISCHES gesehen. (2) Das sah etwas KOMISCH aus.
(3) Beim Überprüfen hat sich nichts FALSCHES gefunden. (4) Es war nichts FALSCH.
(5) Es ging noch einmal alles GUT. (6) Sie wünschten ihm alles GUTE.
(7) Ich habe viel NEUES erfahren. (8) Es war nur wenig INTERESSANTES dabei.

6

Der Überfall

Schon aus der ferne konnte man das lachen und johlen der cowboys durch die nacht hören. Sie fühlten sich sicher und ließen sich nicht vom essen abhalten. Ein angetrunkener führte am lagerfeuer das große wort. Anscheinend war er der anführer und hatte das sagen im lager. Am frühen morgen hatten sie ein indianerdorf überfallen und auch die alten und kranken nicht verschont. Jetzt prahlten sie mit ihren taten und meinten, etwas außergewöhnliches vollbracht zu haben. Sie feierten ihren sieg über die schwachen und wehrlosen, die weinenden und nach hilfe rufenden. Noch wußten sie nicht, daß in den büschen rund um das lager krieger des stammes auf das zeichen zum angreifen warteten.
Diese krieger hatten nämlich am frühen morgen das indianerdorf bereits auf der suche nach etwas eßbarem verlassen, als der gemeine überfall passierte. Als sie gegen mittag zurückkehrten, fanden sie nur die zerstörten zelte vor. Noch am mittag hatten sie die verfolgung begonnen, und auch am abend hatten sie die spuren der weißen nicht verloren. Obwohl sie von mittag bis abends geritten waren, waren diese anstrengungen für sie nichts besonderes. Bereits die kleinen des stammes lernten, solche belastungen auszuhalten. Das unvorsichtige lärmen der verfolgten hatte es ihnen erleichtert, die banditen auch noch nachts zu finden.

So könnt ihr eure Rechtschreibkenntnisse bei der Groß- und Kleinschreibung überprüfen:

- Ihr könnt euch gegenseitig je einen Abschnitt diktieren.
- Ihr könnt die Verben, Adjektive und Partizipien herausschreiben, die in diesem Text als Nomen verwendet werden.
  Verben als Nomen: *das Lachen und ...* Adjektive als Nomen: *die Alten ...*
  Partizipien als Nomen: *ein Angetrunkener ...* .
- Ihr könnt die Zeitangaben in diesem Text herausschreiben und danach ordnen, ob sie groß oder klein geschrieben werden.

! Weitere Partnerdiktate findet ihr auf Seite 178.

34 Das Komma

Das Komma in Aufzählungen

In vielen Sätzen wird etwas aufgezählt. Aufgezählte Teile werden durch ein Komma voneinander getrennt.
Beachte aber: Vor *und* und *oder* steht bei Aufzählungen niemals ein Komma!
Jens, Petra, Sascha und Till machten eine Party.
Sie spielten, tanzten, aßen und tranken.
Die Mutter fragte: „Wollt ihr Saft, Kakao, Milch oder Limo trinken?"

(1) Bei den folgenden Texten fehlen die Kommas. So könnt ihr mit diesen Texten üben:
- Ihr schreibt die Texte ab, und setzt die Kommas ein.
- Ihr lest die Texte laut vor, und sprecht die Kommas mit.
- Ihr diktiert euch die Texte gegenseitig.

a) Hier fehlen fünf Kommas:

(1) Spielfiguren und Masken lassen sich aus verschiedenen Materialien basteln. (2) Ihr könnt mit Papier Stoff Holz und Pappe arbeiten. (3) Eure Figuren stellen einen Menschen ein Tier oder ein Fabelwesen dar. (4) Musik Geräusche und Kulissen gehören auch zum Puppenspiel. (5) Euer Spiel wird sicher interessant lustig und aufregend.

b) Wie viele Kommas fehlen hier?

(1) Ein Hase kann 72 Kilometer pro Stunde laufen eine Gazelle 80 ein Gepard sogar 120. (2) Die Farbenreihe des Regenbogens beginnt oben mit Rot geht über ins Orange dann zum Gelb zum Grün zum Blau und endet mit Violett. (3) Am Meeresstrand kann man die große Miesmuschel finden die eßbare Herzmuschel die zarte Plattmuschel und manchmal eine Venusmuschel.

c) Hier fehlen vier Kommas:

(1) Was wollt ihr heute hören: Schlager Rockmusik oder Folklore? (2) Matthias ist in der Jugendgruppe beim Klavierunterricht oder zum Schwimmen. (3) Welche T-Shirts möchtet ihr: große kleine karierte oder gestreifte?

d) Und hier fehlen fünf Kommas.
Beachte: Bei Aufzählungen steht vor *und* kein Komma!

Auf dem Spielplatz habe ich allerhand beobachtet:
ein Baby im Sandkasten zwei verliebte Leute
eine alte Oma und einen Dackel. Der Dackel ist
die Rutsche raufgeklettert wieder runtergerutscht
und hat dabei wie verrückt gebellt. Die Oma
hat den Kopf geschüttelt das Baby hat vor Schreck
geschrien. Der Dackel ist dann auf dem Spielplatz
herumgelaufen hat gekläfft und hat laut geknurrt.
Was hat ein Dackel eigentlich auf einem
Spielplatz zu suchen?

2 Die folgenden Sätze kannst du zu Aufzählungen zusammenfassen.
Dabei mußt du aber immer einiges weglassen.
In Deutschland kommt der Name Schmidt sehr häufig vor,
noch häufiger der Name Müller ...
Vergiß bei den Aufzählungen die Kommas nicht!
Und denke daran: Wenn du vor der letzten Aufzählung ein *und/oder* einfügst, steht kein Komma!

Aus Sätzen werden Aufzählungen

(1) In Deutschland kommt der Name Schmidt sehr häufig vor. Noch häufiger kommt der Name Müller vor. Am häufigsten kommt der Name Schulz vor.
(2) Rußland ist das größte Land der Welt. Kanada ist das zweitgrößte Land der Welt. China ist das drittgrößte Land der Welt.
(3) Zu den friedfertigsten Hunderassen gehören Collie und Labrador. Zu den bissigsten Hunderassen gehören Schäferhund, Chow-Chow und Pudel.
(4) Der größte Mensch soll mit 2,91 der Riese Goliath gewesen sein. Der zweitgrößte Mensch soll mit 2,87 der Holländer Albert gewesen sein. Der drittgrößte soll mit 2,82 der Russe Machnow gewesen sein.
(5) Viele Menschen fürchten sich vor der Höhe. Die meisten Menschen fürchten sich aber vor dem Sprechen vor Zuhörern.

Das Komma in Satzreihen

Ein Schüler hat eine Inhaltsangabe zu einer bekannten Eulenspiegelgeschichte geschrieben, die er so begonnen hat:

Eines Tages kam Eulenspiegel zum Grafen von Anhalt. Dort betätigte er sich als Turmbläser. Der Graf hatte viele Feinde. Er hatte in der Stadt jederzeit viele bewaffnete Reiter. Eulenspiegel wurde auf dem Turm oft vergessen. Ihm wurde kein Essen geschickt.
Einmal kamen Feinde vor das Schloß des Grafen.
Eulenspiegel meldete das dem Grafen nicht …

a) Wie hat der Schreiber seinen Text gestaltet?
   Welche Art von Sätzen hat er hintereinander aufgeschrieben?
b) Überlege, warum sich zwischen die zwei jeweils zusammenstehenden Hauptsätze statt des Punktes auch ein Komma setzen ließe.
c) Nun probiere einmal aus, ob die beiden Hauptsätze auch mit einer Konjunktion wie *und, denn, aber* verbunden werden könnten.
   Achte dabei darauf, daß du auch dann zwischen beiden Hauptsätzen ein Komma setzen mußt.

Werden zwei Hauptsätze, die inhaltlich eng zusammengehören, miteinander verknüpft, so entsteht eine **Satzreihe** (**Satzverbindung**).
Es gibt **unverbundene Satzreihen**:
Till klopfte an die Haustür, der Meister öffnete ihm.

| HS | , | HS | . |

Satzreihen können auch mit einer Konjunktion (*und, oder, denn, aber*) verknüpft werden (**verbundene Satzreihe**).
Till klopfte an die Tür, und der Meister öffnete ihm.

| HS | , | Konj. + HS | . |

In beiden Fällen muß zwischen den Hauptsätzen ein Komma gesetzt werden.

2 Im folgenden Text fehlen in den Satzreihen die Kommas.
a) Schreibe die Sätze ab, und ergänze die notwendigen Kommas.
b) Bei welchen Sätzen handelt es sich um verbundene bzw. um unverbundene Satzreihen?

Wellensittiche

(1) Die Züchtung der beliebten Wellensittiche begann um 1840 in England und schon nach wenigen Jahrzehnten gab es verschiedenfarbige Exemplare. (2) Zunächst waren sie gelb-, blaugrün- und blaugefiedert doch inzwischen haben Liebhaber auch zimtfarbene, gescheckte und violette Wellensittiche herausgezüchtet. (3) Wellensittiche sind mit 5 bis 6 Monaten geschlechtsreif sie sollten frühestens mit 12 Monaten zur Zucht verwendet werden. (4) Die Kleinen schlüpfen nackt, taub und blind aus den Eiern und nach etwa 30 Tagen können sie fliegen. (5) Beim Kauf eines Wellensittichs sollte man auf sein Gefieder achten denn nur muntere Tiere mit glattem Gefieder sind gesund.

③ Eine Satzreihe enthält immer zwei grammatisch vollständige Hauptsätze, beide haben also je ein Subjekt und ein Prädikat.
Welche Sätze sind Satzreihen, in denen ein Komma stehen muß, welche sind keine? Begründe deine Entscheidung.

(1) Einmal kam Eulenspiegel nach Magdeburg und trieb dort allerlei Unfug.
(2) Sein Name wurde schnell bekannt und die Vornehmen wollten von ihm etwas Abenteuerliches sehen.
(3) Eulenspiegel wollte auf das Rathaus steigen und von dort herunterfliegen.
(4) Er stand also auf dem Rathaus und bewegte seine Arme wie ein Vogel seine Flügel.
(5) Die Leute standen da und sperrten Augen und Mäuler auf.
(6) Eulenspiegel machte sich über die Dummheit der Menge lustig und dann verließ er die Stadt.

④ Im folgenden Text sind fünf Verstöße gegen die richtige Kommasetzung.
Zwei Kommas sind falsch gesetzt, drei fehlen.

Unsere Bimmelbahn

(1) Die Schmalspurbahn von Hainsberg nach Kipsdorf, ist die älteste Bahn dieser Art in Sachsen.
(2) Die Strecke führt durch die zauberhafte Kulisse des Rabenauer Grundes, und vorbei an der Talsperre Malter.
(3) Von dort fährt man direkt auf das Osterzgebirge zu und nach kurzer Zeit ist man schon im Kurort Kipsdorf.
(4) Die Hektik der heutigen Zeit kann der alten Dampflok hier nichts anhaben, sie dampft langsam und gemütlich vor sich hin.
(5) Nach einem ruhigen Ausflug mit der Bimmelbahn kann man eine Wanderung im Rabenauer Grund folgen lassen oder man nützt an schönen Tagen die Freibäder an der Talsperre Malter.
(6) Die Lokomotive wird auch in Zukunft unter Volldampf stehen denn diese Schmalspurbahn bleibt dem Fachmann wie dem Urlauber erhalten.

Das Komma im Satzgefüge

1 a) Lest euch die folgenden Sätze einmal vor. Achtet dabei auf die Sprechpause zwischen den beiden Sätzen der Satzgefüge. Dort befindet sich die Satzgrenze.

(1) Als der Regen begann stellten wir uns unter einen Baum.
(2) Ich bin wirklich böse wenn du heute nicht kommst.
(3) Weil ich müde war schlief ich ein.
(4) Daß du ohne meine Hilfe zurechtkommst finde ich gut.
(5) Es wurde schon dunkel als wir heimkamen.
(6) Wenn ich mir das gut überlegt hätte wäre das gar nicht passiert.
(7) Wir glauben nicht daß du die Wahrheit sagst.

b) Ihr könnt die Satzgrenze in den Satzgefügen auch am Anfang bzw. am Ende des Nebensatzes erkennen: Am Anfang steht nämlich ein Einleitewort (Konjunktion), und am Ende steht die finite Verbform.

c) Schreibe die Sätze ab, und ergänze die Kommas.

> Ein **Satzgefüge** besteht aus einem Hauptsatz und einem Nebensatz.
> Hauptsatz: *Ich war müde.* Nebensatz: *Weil ich müde war, ...*
> Zwischen Hauptsatz und Nebensatz steht immer ein Komma.
> *Weil ich müde war, schlief ich ein. Ich schlief ein, weil ich müde war.*
>
> NS , HS . HS , NS .
>
> Ein Nebensatz hat wie ein Hauptsatz ein Subjekt und ein Prädikat. Die finite Verbform jedoch steht im Nebensatz an letzter Stelle. Eingeleitet werden Nebensätze häufig durch Konjunktionen wie *wenn, ob, weil, als, daß, solange, obwohl.*

2 a) In den folgenden Satzgefügen sind die Hauptsätze und die Nebensätze falsch zusammengesetzt. Schreibt sie mit den Kommas richtig auf:
Der Hund wackelte mit dem Schwanz, weil er ...

b) Zeichnet zu den Satzgefügen (1) und (6) das Satzbild.

(1) Der Hund wackelte mit dem Schwanz daß die Zoobesucher erschraken.
(2) Opa lachte so sehr bis er oben angekommen war.
(3) Till kletterte hoch auf den Baum weil er sich freute.
(4) Klaus hörte immer Radio daß ihm der Bauch wackelte.
(5) Der Affe schlug sich auf den Bauch wenn er Schularbeiten machte.
(6) Als das Tor gefallen war bekamen die Schüler hitzefrei.
(7) Weil es zu heiß war klatschten die Zuschauer Beifall.

③ Ein Reinfall nach dem anderen!

(1) Unser Schulfest ein großer Reinfall	viele Überraschungen mißglückt
(2) Einige Zuschauer weggegangen	der Regen angefangen
(3) Viele Leute keine Lose bekommen	beim Losstand so großer Andrang
(4) Der große Stelzenlauf ausgefallen	Straße gefährlich naß
(5) Beim Zirkusspiel vieles nicht verstanden	Spieler zu leise gesprochen
(6) Die meisten waren froh	das ganze Theater zu Ende

a) Verbinde die einzelnen Aussagen zu einem Satzgefüge, indem du passende Konjunktionen einfügst:
Unser Schulfest war ein großer Reinfall, weil ...
Achte auf die Endstellungen der finiten Verbform im Nebensatz und auf die Kommas zwischen dem Haupt- und dem Nebensatz!

b) Stelle in den Satzgefügen den Nebensatz vor den Hauptsatz. Wie sehen deine Sätze jetzt aus? Denke immer an die Kommas!

4 a) Wie ihr gesehen habt, kann der Nebensatz sowohl *vor* als auch *nach* dem Hauptsatz stehen.
Eine dritte Möglichkeit der Stellung des Nebensatzes im Satzgefüge findet ihr heraus, wenn ihr in den folgenden Satzgefügen den Nebensatz ermittelt.

(1) Unsere Hoffnung, daß unser Schulfest ein Erfolg wird, erfüllte sich leider nicht.
(2) Einige Zuschauer gingen, als es zu regnen begann, natürlich wieder nach Hause.
(3) Sogar der Stelzenlauf, auf den wir uns alle so gefreut hatten, mußte ausfallen.
(4) Wir können die Frage, ob wir noch einmal ein solches Schulfest vorbereiten, heute wirklich noch nicht beantworten.

b) Worauf ist bei der Kommasetzung bei einem Nebensatz, der in den Hauptsatz eingeschoben ist, besonders zu achten?
Das Satzbild solcher Sätze sieht so aus:

HS , NS , HS .

5 Schaffst du es, zu einem beliebigen Thema verschiedene Satzgefüge aufzuschreiben, in denen der Nebensatz als Vorder-, Zwischen- und Nachsatz gebraucht wird?

6 **Auf meinem Geburtstag**

Ich habe Geburtstag. – Wir gehen alle in den Steinbruch.	(wenn)
Dort grillen wir Würstchen. – Der Vorrat reicht.	(solange)
Es regnet nicht. – Wir spielen Räuber und Gendarm.	(falls)
Wir haben uns ausgetobt. – Wir fahren mit der Kutsche zu uns.	(nachdem)
Ich habe schöne Preise besorgt. – Wir machen eine Tombola.	(weil)
Wir bringen alle mit der Kutsche nach Hause. – Alles ist vorbei.	(wenn)

Verbinde die zwei Sätze mit den Konjunktionen, die dahinterstehen, zu einem Satzgefüge. Dabei kann manchmal der erste, manchmal der zweite Satz zum Nebensatz werden. Achte auf die Kommas!

(7) Hier fehlen sieben Kommas!

Kuriositäten

(1) Wußtet ihr schon daß es Meisterschaften im Frischeier-Weitwurf-Fangen gibt? (2) Als die letzten Meisterschaften stattfanden gab es einen neuen Weltrekord. (3) Er steht jetzt bei über 100 Metern. (4) Der Rekord zählt natürlich nur wenn das Ei sicher in den Händen des Fängers landet! (5) Es gibt sehr viele kaputte Eier bevor solch ein Versuch tatsächlich gelingt! (6) Während der eine Veranstalter mit frischen Eiern die Wettbewerbe durchführt benutzt ein anderer dazu Eierpfannkuchen. (7) Daß man einen solchen innerhalb von zwei Minuten 287mal in der Pfanne wenden kann bewies ein nordirischer Hoteldirektor. (8) Es ist selbstverständlich daß der Pfannkuchen bei Flug und Landung in der Pfanne nicht zerreißen darf.

Im Satzgefüge kann der Nebensatz dem übergeordneten Hauptsatz vorangestellt (Vordersatz), nachgestellt (Nachsatz) oder in ihn eingeschlossen (Zwischensatz) sein. Der Vorder- bzw. Nachsatz wird vom Hauptsatz durch ein Komma getrennt.

Wenn es regnet, feiern wir den Geburtstag zu Hause.

NS , HS .

Wir feiern den Geburtstag zu Hause, wenn es regnet.

HS , NS .

Der Zwischensatz wird vom Hauptsatz durch zwei Kommas getrennt.

Wir feiern, wenn es regnet, den Geburtstag zu Hause.

HS , , HS .

Zum Üben und Wiederholen

(1) Schreibe die folgenden Zungenbrecher ab.
In jedem mußt du ein Komma setzen, in einem sogar zwei!

(1) Wenn hinter Robben Robben robben robben Robben Robben hinterher.
(2) Als der dicke Dieter den dünnen Dieter durch das Dorf trug drückte der dünne Dieter den dicken Dieter doll auf den Rücken.
(3) Kleine Kinder können keine kleinen Kirschenkerne knacken weil sie zu kleine Zähne haben.
(4) Der Cottbusser Postkutscher putzte als es in Cottbus noch Postkutschen gab den Cottbusser Postkutschkasten.
(5) Wenn hinter Fliegen Fliegen fliegen fliegen Fliegen Fliegen nach.

(2) In dem folgenden Aufsatz einer Schülerin sind alle Kommas vergessen worden.
Die Lehrerin hat die Fehler am Rande vermerkt.

Vorsicht Fehler!

Die Überraschung

Melanie und Marion gingen ins Bett.
Melanie schlief unter dem großen Fenster und /
Marion schlief an der Wand. Marion hatte immer
sehr viel Angst weil sie an der Wand immer /
so komische Köpfe sah. Melanie hatte aber
keine Angst denn sie konnte nichts von diesen /
komischen Köpfen sehen. Als Vater und Mutter
eines Abends weg waren krochen die beiden in /
ihrem Bett unter die Decke. Auf einmal schrie
Marion weil sie die Köpfe wieder sah. Melanie /
machte Licht an und sah daß die kleine /
Marionette hin und her schaukelte. Die
beiden Mädchen mußten lachen und Marion /
war froh daß es doch kein Geist war. /

Ein Schiff fährt stromaufwärts

In einigen Flüssen mit starkem Gefälle sind Schleusen gebaut. Schiffe können sogar hier stromaufwärts fahren. Die Wasserstände sind „oben" und „unten" sehr unterschied=lich. Der Verkehr klappt reibungslos. Ein Schiff kommt von unten. Das untere Schleusentor öffnet sich. Das Schiff fährt in die Schleusenkammer. Das Schleusentor schließt sich wieder. Die Schütze werden geöffnet. Wasser strömt in die Schleusenkammer. Das Schiff steigt mit dem Wasser=spiegel. Der Wasserspiegel erreicht die Höhe des Flusses oberhalb der Schleuse. Das Schiff verläßt durch das Obertor die Schleuse.

3 Lest den Text zunächst einmal leise durch.
Könnt ihr ihn in eigenen Worten wiedergeben?

4 Den Vorgang des Schleusens kannst du genauer beschreiben, wenn du immer zwei Sätze miteinander verbindest.
Folgende Verbindungswörter helfen dir der Reihe nach dabei:
weil, obwohl, wenn, nachdem, so daß, bis.
Beachte: Manchmal steht der Nebensatz mit dem Verbindungswort am Anfang, manchmal aber am Ende!
Achte auf die Kommas zwischen Haupt- und Nebensatz!

! Weitere Übungsdiktate findet ihr auf Seite 156.

A35 Arbeitstechnik: Sachtexte lesen und erschließen

Texte genau lesen

Sachtexte lest ihr im Deutschunterricht und in den anderen Fächern. Ihr entnehmt ihnen Informationen, die ihr braucht, um z.B. bestimmte Aufgaben zielgerichtet lösen zu können. Dazu müßt ihr diese Texte gründlich lesen.

① Welche Wörter passen, welche Wörter passen nicht zum Inhalt des Textes?

Die Kamille

Die Kamille ist eine sehr wertvolle Wildpflanze.

Sie wächst auf Brachland, an Wegrändern und auf < Bäumen. / Wiesen.

Beim < Sammeln / Wegwerfen > der Blütenköpfe der Kamille kann sie leicht

mit der nicht heilkräftigen Hundskamille < verwechselt / getauscht > werden.

Um das zu < tun / verhüten >, achtet man beim Zerreiben der < Pflanze / Blume >

auf einen kräftigen, würzigen < Geruch. / Geschmack.

② Im folgenden Text haben sich vier „falsche" Wörter versteckt. Wer findet sie?

Hungrige Bären versetzen Kanada in Schrecken

Die hungrigen Bären lassen den Kanadiern im Spätsommer den kalten Angstschweiß ausbrechen. In Vernon, 300 km nördlich von Vancouver, erhielt das Forstamt allein in einer Woche 45 Anrufe von aufgeregten Leuten, die sich von den Bären bedroht fühlten. Der trockene Winter, der den Bewuchs in den Wäldern eingeschränkt habe, und die Kälte der letzten Tage habe die Tiere in die Nähe der Menschen getrieben, erklärte ein Brauereibesitzer. Vor kurzem war ein Mann während einer Wanderung von einem Wildschwein getötet und eine Frau verletzt worden. Ein junger Bär, der sich in einer Konditorei selbst bediente, hat für die Dreistigkeit mit seinem Leben bezahlen müssen. Er wurde von der Polizei erschossen. Ein anderer Meister Petz, der sich zum Frühstück in eine Grundschule eingeladen hatte, stieß damit bei Einwohnern und Lehrern dieser Schule auf wenig Verständnis und mußte von Förstern eingefangen werden. (Lösung: S. 168)

Orientierendes Lesen

Sehr oft müßt ihr euch erst vergewissern, ob ein Text überhaupt die Angaben und Informationen enthält, die ihr für die Lösung einer Aufgabe braucht. Ihr müßt euch also im Text schnell orientieren können.

(1) Übe mit einem Partner. Du liest einen Satz vor, und dein Partner nennt das entsprechende Wort aus der rechten Wortreihe.
Dann nennt er ein Wort aus dieser Reihe, und du suchst möglichst schnell den Satz im Text, der dieses Wort enthält, und liest ihn vor.

Zu Besuch auf der Burg Stolpen

(1) Die sächsische Stadt Stolpen ist vor allem durch ihre Burg bekannt.
(2) Sie diente in früheren Zeiten auch als Gefängnis.
(3) Die berühmteste Gefangene in Stolpen war die Gräfin Cosel.
(4) Sie war eine schöne, ehrgeizige und kluge Frau.
(5) Als sie der sächsische König August der Starke kennenlernte, war sie mit einem Minister am Königshofe verheiratet.
(6) Sie ließ sich jedoch von ihrem Mann scheiden.
(7) Die kluge Cosel durchschaute schnell die nur auf ihren Vorteil bedachten Höflinge.
(8) Die Hofleute hetzten deshalb gegen die Cosel und setzten z. B. das Gerücht in die Welt, sie wolle den König vergiften.
(9) Deshalb ließ sie August der Starke nach Stolpen bringen, wo sie nach 49 Jahren starb.

(A) Mann
(B) König
(C) Jahre
(D) Vorteil
(E) Burg
(F) Gefängnis
(G) Gräfin
(H) Frau
(I) Welt

Wenn ihr euch in einem Text zielgerichtet orientieren wollt, könnt ihr wie folgt vorgehen:
(1) Ihr lest aufmerksam die gestellte Aufgabe und verschafft euch Klarheit darüber, welche Informationen ihr für deren Lösung benötigt.
(2) Ihr nutzt Orientierungshilfen (Inhaltsverzeichnis, Klappentext u.a.), um euch einen ersten Überblick über den Inhalt desTextes zu verschaffen.
(3) Ihr orientiert euch im Text selbst, ob er die benötigten Informationen enthält oder nicht. Dabei hilft euch das Ermitteln der Schlüsselwörter und -abschnitte im Text.
(4) Ihr entscheidet dann, ob ihr den Text für die Lösung der Aufgabe nutzen könnt und ob ihr ihn deshalb gründlich lesen müßt.

② Kannst du genau sagen, was eine *Präposition* ist? Wo kannst du in diesem Sprachbuch nachschlagen? Suche möglichst schnell Informationen:
(1) zum *Dativobjekt,* (3) zum *Komma in Aufzählungen,*
(2) zur *Lesepause,* (4) zu *Wörtern mit mm.*
Nutze dazu das Inhaltsverzeichnis und das Register.

③ Im Biologieunterricht sollst du deine Mitschüler darüber informieren, warum auch die einheimischen Fledermäuse zu den gefährdeten Tierarten gehören.

a) Verschaffe dir zunächst einen Überblick, welcher der beiden folgenden Texte Angaben zu den Ursachen der Gefährdung von Fledermäusen enthält.
b) Lies diesen Text nun gründlich. Notiere dir stichpunktartig die Ursachen für die Gefährdung unserer Fledermäuse, und informiere die Klasse darüber.

Text A

Die sehr selten vorkommende Teichfledermaus bevorzugt wald- und gewässerreiche Landschaften, während die ebenfalls sehr seltene Zweifarbfledermaus mehr in größeren Städten lebt. Selten und mitunter schwer auseinanderzuhalten sind u. a. auch die Mopsfledermaus, die Nordfledermaus und der Kleine Abendsegler. Etwas häufiger kommen bei uns noch die Fransenfledermaus und die Bechsteinfledermaus vor. Die Bestände der Kleinen Hufeisennase haben sich dagegen in letzter Zeit stark verringert, so daß diese Fledermausart vom Aussterben bedroht ist. Mit bis zu 43 cm Flügelspannweite ist das Mausohr die größte und gleichzeitig die am stärksten im Rückgang begriffene Fledermaus. Sie fliegt langsam, rudernd und meist geradlinig. Erst spät am Abend beginnt sie in 5 bis 8 m Höhe mit der Insektenjagd. Die Jungen kommen häufig auf Dachböden zur Welt, die gemeinsamen Winterquartiere befinden sich in Höhlen, Kellern und Stollen.

Text B

Fledermäuse jagen meist in der Dämmerung und nachts. Dabei orientieren sie sich über das Echo ihrerRufe, die fast immer so hoch sind, daß wir sie nicht hören können (Ultraschall). Den Tag verbringen sie in Baumhöhlen, Nistkästen, Felsspalten, auf finsteren Dachböden und in anderen Verstecken. Auch deshalb und aus Aberglauben und Unwissenheit wurden Fledermäuse jahrhundertelang verfolgt und getötet. Heute stehen alle 18 einheimischen Arten unter Schutz. Da jedoch infolge der modernen Bauweise und der intensiven Nutzung des Waldes ausreichende Sommer- und Winterquartiere fehlen, sind viele Arten nach wie vor gefährdet. So bauen wir heute keine finsteren Dachböden und Keller mehr, in denen die Fledermäuse ungestört schlafen und ihre Jungen aufziehen können. Im Wald werden Bäume gefällt, bevor sie alt und hohl sind. Hinzu kommen die Gefahren durch Insektenbekämpfungsmittel. Die heimischen Fledermäuse sind als reine Insektenfresser (darunter viele Schadinsekten!) besonders betroffen.

Lösungswörter für Aufgabe ② von Seite 166: *4. Zeile: Sommer – 6. Zeile: Forstbeamter – 7. Zeile: Bären – 11. Zeile: Schülern.*

A36 Arbeitstechnik: Nachschlagen

Es gibt sehr unterschiedliche Nachschlagewerke. Aber nur wer sie kennt, weiß, wo er nachschauen kann. Besorgt euch die folgenden Nachschlagewerke.

① Aus welchem der oben abgebildeten Nachschlagewerke stammen die folgenden Ausschnitte?

A

Bleistifte enthalten kein Blei, sondern eine gebrannte Mischung aus Ton und Graphit. Die Bezeichnung stammt noch aus dem Mittelalter. Damals umschloß die Holzhülle tatsächlich eine Mine aus Blei-Zinn-Legierung. In Deutschland werden Bleistifte vorwiegend in Hannover und Nürnberg hergestellt.

B

ein|zeln: der, die, das einzelne — jeder einzelne — einzelnes war gut — bis ins einzelne — im einzelnen; vom Einzelnen zum Ganzen; **einzelnstehend:** ein einzelnstehender Baum
ein|zig: der, die, das einzige — ein, kein einziger — einzig in seiner Art — unser einziger Sohn, *aber* er ist unser Einziger; **einzigartig**

C

²Falte ↑ Runzel.
fälteln ↑ falten.
¹falten · *von Stoff:* fälteln, plissieren · *von Papier:* falzen, knicken, kniffen, biegen, brechen, umbiegen: ↑ zerknittern, ↑ zusammenfalten; ↑ Bügelfalte, ↑ Falte.
²falten: ↑ zusammenfalten; die Hände f. ↑ beten.

D

Bähnchen
Fähnchen
Hähnchen
Kähnchen
Spänchen
Tränchen

② Welches Nachschlagewerk hilft dir?

(1) Du suchst für das Wort *sagen* andere Ausdrücke.
(2) Du willst genauer wissen, was der *Davis-Pokal* ist.
(3) Du verstehst das Wort *Chaos* nicht.
(4) Du willst dich über einen Sachverhalt näher informieren.
(5) Du suchst Wörter mit gleichen Endungen.
(6) Du möchtest wissen, wie *Mannequin* gesprochen und geschrieben wird.

③

Okzident ?

Okey oder okay?

Herz, Schmerz ...

gehen, stampfen ...?

Metalle: Kupfer ...?

Schlagt die angegebenen Stichwörter in den entsprechenden Nachschlagewerken nach.

4 Die folgenden Fragen stammen aus einem bekannten Ratespiel.
Zum Nachschlagen braucht ihr verschiedene Lexika und einen Atlas.
Einige Fragen könnt ihr sicherlich auch sofort beantworten.
Schreibt die Antworten auf die Fragen untereinander auf ein Blatt, und kennzeichnet die angegebenen Buchstaben, z.B.:

Antwort auf die 1. Frage: Nase
Antwort auf die 2. Frage: blau

		Kennzeichnet den:
1	Was wächst bei Pinocchio, wenn er lügt?	1. Buchstaben
2	Welche Farbe hat ein Saphir?	3. Buchstaben
3	Ist der Abakus ein Gebäck, ein Computer oder eine alte Rechenmaschine?	3. Buchstaben
4	Wie nennt man eine Grabinschrift: Postscriptum, Epitaph oder Epilog?	7. Buchstaben
5	Was ist Sachalin: ein Süßstoff, eine Insel oder ein russischer Dichter?	3. Buchstaben
6	Woraus besteht unser Skelett?	4. Buchstaben
7	Wie heißt die Hauptstadt von Griechenland?	3. Buchstaben
8	Wie heißt Badminton auf Deutsch?	8. Buchstaben
9	Was für ein Tier ist der Mandrill?	1. Buchstaben
10	Was für ein Sportgerät ist eine Jolle?	3. Buchstaben
11	Wie heißt das deutsche Wort für Kontinent?	1. Buchstaben
12	Was für ein Tier ist der Admiral?	2. Buchstaben
13	Was heißt Multiplizieren auf Deutsch?	6. Buchstaben
14	Sind Jetons Düsenflugzeuge, Sportjacken oder Spielmarken?	7. Buchstaben
15	Sammelt ein Philatelist Briefmarken, Schmetterlinge oder Philodendron?	6. Buchstaben
16	Welche Pflanzen unterscheidet man nach Röhren und Lamellen?	1. Buchstaben
17	Was für Tiere sind Alligatoren?	7. Buchstaben
18	Wie heißen die Inseln, zu denen Sylt, Föhr und Amrum gehören?	2. Buchstaben
19	In welchem Land lebte Nofretete?	7. Buchstaben

037 Schwierige Alltagswörter in 50 Sätzen

eines Abends, allmählich, am Anfang, Angst, anstrengend, Ärger, auf einmal, bald, beobachten, sich beschäftigen, bestimmt, fernsehen, geklebt, geradeaus, gestern, zu Hause, herrlich, herumlaufen, Idee, interessant, irgend etwas, jetzt, die Langeweile, langweilig, letzte, lustig, zum ersten Mal, manchmal, eine Menge, mindestens, mitmachen, nächsten, nämlich, natürlich, neugierig, nichts, niemand, ein paar, plötzlich, praktisch, schließlich, sogar, ein Stück, eines Tages, verrückt, während, am wichtigsten, nach einiger Zeit, ziemlich, zuerst, zum Beispiel

Diesmal findet ihr die Wörter in kleinen Alltagsgeschichten wieder.

1 Eines Abends wollte ich mehrere Tüten Pommes essen.
2 Am Anfang hatte ich damit noch angegeben.
3 Aber nach der dritten Tüte hatte ich allmählich genug.
4 Das Essen wurde ziemlich anstrengend.
5 Ich bekam nämlich auf einmal Bauchschmerzen.
6 Am nächsten Tag mußte ich zum Arzt.
7 Nichts als Ärger hat man von einer solchen Angeberei!

*

8 Eines Tages bekamen wir Besuch.
9 Wir holten ihn vom nächsten Bahnhof ab.
10 Als wir zu Hause ankamen, bellte unser Boxer den Besuch böse an.
11 Aber er hat niemanden gebissen.
12 Der Boxer hat sich bald an den Besuch gewöhnt.

*

13 Egon ist letzte Woche zum ersten Mal im Flugzeug geflogen.
14 Es war zuerst ganz furchtbar für ihn.
15 Ihm war schlecht, und er hatte Angst.
16 Als die Maschine aber oben in der Luft geradeaus flog,
17 ging es Egon allmählich besser.
18 Er schaute neugierig aus dem Fenster.
19 Die Erde unten sah herrlich aus.

20 Zu ihrem Geburtstag hatte Gisela eine Menge Gäste eingeladen.
21 Es gab natürlich auch viele Geschenke.
22 So bekam sie zum Beispiel eine Halskette mit einer Perle daran.
23 Am wichtigsten war für sie aber das kleine Hündchen.
24 Das hatte sie nämlich von ihrem Großvater bekommen.

*

25 Jens hat manchmal verrückte Ideen.
26 So hat er sich gestern seine alten Jeans repariert.
27 Er hat auf die Löcher bunten Stoff geklebt.
28 Das fand er sehr lustig und interessant.
29 Jetzt sieht man ihn wie einen Kasper herumlaufen.
30 Jens findet seine Jeans jetzt nicht mehr so langweilig.

*

31 Vater hat letzte Woche im Garten einen Teich angelegt.
32 Tina und Tom haben dabei mitgemacht.
33 Tina ist nämlich sehr praktisch,
34 während sich Jens doch manchmal etwas dumm anstellt.
35 Nach einiger Zeit haben sie es aber doch alle vier geschafft.
36 Und jetzt haben sie einen Teich im Garten.
37 Darin schwimmen nun ein paar Fische.
38 Ein Frosch ist sogar auch schon da.

*

39 Am Sonntag ist es manchmal schrecklich langweilig.
40 Am letzten Sonntag hatte Sascha aber eine Idee.
41 Er wollte einmal nicht aus Langeweile fernsehen;
42 sondern irgend etwas in der Natur beobachten.

43 Er beschäftigte sich also mit den Ameisen,
44 die auf der Mauer herumliefen.
45 Er legte ihnen ein Stück Käse hin.
46 Und da konnte er plötzlich sehen,
47 wie mindestens zwanzig Ameisen den Käse packten
48 und ihn schließlich in ihr Loch schleppten.
49 „Das war bestimmt eine schwere Arbeit für sie“, dachte sich Sascha.
50 In der Natur gibt es manchmal sehr interessante Dinge zu sehen!

D38 Diktattexte zu bestimmten Rechtschreibschwierigkeiten

In den folgenden Texten sind die rechtschreibschwierigen Wörter, die geübt werden sollen, unterstrichen. Andere schwierige Wörter sind mit einem Sternchen * gekennzeichnet. Diese Wörter können zum Nachschauen vor dem Diktieren auf einen Zettel oder an die Tafel geschrieben werden.

Wörter mit *h*

Fähren

Obwohl es heute viele Brücken gibt, die über die Flüsse führen, gibt es doch noch eine Anzahl ziemlich alter Fähren für Menschen und Fahrzeuge. Die meisten Fähren laufen mit einem Motor. Aber einige von ihnen hängen an einem Seil, das über den Fluß gespannt ist. Mit dem Druck der Strömung* wird die Fähre an einer Rolle an das andere Ufer getrieben. Die Fahrgäste müssen eine Gebühr zahlen. Die Überfahrt auf einer alten Fähre ist immer ein besonderer Spaß. Leider werden durch den immer stärker werdenden Verkehr zunehmend mehr Fähren durch Brücken ersetzt.

Die Magdeburger Halbkugeln

Otto von Guericke*, ein berühmter Gelehrter, wirkte von 1648 bis 1681 als Bürgermeister von Magdeburg. Dieser Wissenschaftler erklärte eine ganze Anzahl von Naturvorgängen. Auch während seiner Tätigkeit als Stadtoberhaupt* unternahm er sehr viele Versuche. 1650 erfand er die Kolbenluftpumpe*. 1654 führte er auf dem Reichstag zu Regensburg die „Magdeburger Halbkugeln" vor: Mehrere Pferde auf jeder Seite konnten zwei luftleer gepumpte Halbkugeln, die gegeneinandergesetzt* waren, nicht auseinanderziehen. Damit erhielt die Lehre vom Vakuum* neue Nahrung. Guericke überführte viele Erkenntnisse in die Praxis*. Obwohl er viel Zeit für seine Forschung brauchte, fehlte es nicht an Fleiß für das Wohl seiner Stadt. So wurde er über dreißig Jahre immer wieder gewählt.

Fahrraddiebstahl

Obwohl die meisten Besitzer ihre Fahrräder nach dem Abstellen abschließen, werden immer mehr Fahrräder gestohlen. Wem sein Fahrrad im wahrsten Sinne des Wortes lieb und teuer ist, sichert es am besten durch eine diebstahlsichere Motorradkette.* Zahlenschlösser dagegen verführen Langfinger viel eher zum Stehlen.
Ähnlich unangenehme Überraschungen erleben Fahrradbesitzer, die ihr Rad nur mit einem Schlüsselschloß sichern. Schließt du dein Fahrrad mit einer langen Motorradkette an einen Pfahl oder Zaun, entgehst du eher der Gefahr, daß du dein Fahrrad durch Diebstahl verlierst. Hast du übrigens dein Fahrrad bei der Polizei registrieren* lassen? Wenn nicht, fährst du am besten gleich los und holst es nach. Es lohnt sich.

Auslaute *b, d, g*

Wildkaninchen

Wildkaninchen haben ein gelbbraunes Fell. Sie leben in Kolonien* beisammen. Man kann sie fast überall finden, im Wald, am Strand, auf dem Feld, in Sandgruben und sogar im Moor*. Ein Kaninchen frißt am Tag über ein Pfund Grünfutter. Oft kommt es auch in die Gärten, wo es von jungen Bäumen die Rinde abnagt und andere Schäden anrichtet. Das Wildkaninchen lebt in Bauen mit langen Gängen. Die unterirdische* Wohnung ist mit Heu und Laub ausgepolstert. Ein einziges Weibchen kann hier im Jahr bis zu 50 Junge zur Welt bringen.

Malwettbewerb

Heute ist es im Klassenraum ungewöhnlich ruhig. Auf allen Tischen stehen Farbkästen, und mit viel Geduld tuschen die Schüler ihre Bilder. Sie wollen an einem Malwettbewerb teilnehmen. Tolle Preise winken: ein Rundflug mit einem Segelflugzeug, Geld für die Klassenkasse, ein Korb mit Gesellschaftsspielen*.
Peters Bild ist fast fertig. Er hat ein Schwimmbad gemalt, in dem viel Betrieb ist. Viele Kinder schwimmen und toben im Wasser, der Bademeister steht am Beckenrand und paßt auf. Überall liegen bunte Handtücher herum. Ob sein Bild gut genug für einen Preis ist? Bald wird er es wissen.

Wörter mit Doppelkonsonanten

Das Dach von Sachsen

Im mittleren und oberen Erzgebirge* hatte man schon einige Jahrhunderte Silber und andere Stoffe gefördert, als 1525 das erste Haus im heutigen Oberwiesenthal* errichtet wurde. Schnell entwickelte sich der Ort, zuerst Neustadt Wiesenthal genannt, und erhielt schon zwei Jahre später das Stadtrecht. Heute ist der Kurort in einer Höhe von 914 Metern die höchstgelegene Stadt in Deutschland und bietet im Sommer und im Winter Ruhe und Entspannung.
Der Fichtelberg in unmittelbarer Nachbarschaft wird mit seinen 1214 Metern auch als das Dach von Sachsen bezeichnet. Vom Aussichtsturm hat man eine herrliche Rundsicht über das sächsische und böhmische Erzgebirge. Sessel- und Schlepplifte sowie eine Schwebebahn erleichtern den Aufstieg. Sprungschanzen, steile Mattenwiesen und eine Rennschlittenbahn sahen schon viele Wintersportmeisterschaften*. Eine Attraktion ist die Schmalspurbahn, die mit Dampflokomotiven* nach Oberwiesenthal rattert.

Wörter mit der Vorsilbe *ent-* und *end-*

Sätze mit *ent-*

1 Das Ziel ist noch weit entfernt.
2 Mit letzter Kraft läuft Conni* dem Ziel entgegen.
3 Auf einmal spürt sie einen entsetzlichen Schmerz.
4 Sie hat sich entweder den Fuß vertreten oder einen Krampf bekommen.
5 Conni ist sehr enttäuscht, daß ihr das passiert ist.

Sätze mit *end-*

1 Das Endspiel der Klassen 6a und 6c ist fast zu Ende.
2 Die 6c hatte endlich doch noch ein Tor geschossen.
3 Nun ziehen sich die Minuten endlos hin.
4 Es steht 2:1, und das Endergebnis steht fest.
5 Die Klasse 6a hat endgültig verloren.

Sätze mit *ent-* oder *end-*

1 Ein Wagen der Straßenbahn ist entgleist.
2 Das Lineal brach entzwei.
3 Peter hat entsetzlich geschrien.
4 Die Mannschaft nimmt an der Endrunde teil.
5 Tina hat es endlich geschafft.

6 Meine Freundin ist sehr enttäuscht.
7 Unser Hund ist entlaufen.
8 Du mußt dich jetzt endlich einmal entscheiden!
9 In Geschichte nehmen wir die großen Entdecker durch.
10 Nun ist endgültig Schluß!

Wörter mit *S*-Lauten

Die Roßtrappe

Die Harzgegend mit ihren reißenden Flüssen, steilen Felsen und rauschenden Wäldern kennt viele Sagen. Sie lassen erkennen, wie sehr die Menschen ihre Heimat geliebt haben müssen.
Die Königstochter Emma floh vor Bodo, einem großen und starken Riesen. Ihr Roß flog durchs Gebirge, und Bodo kam immer ein bißchen näher. Plötzlich stand sie auf einem unfaßbar hohen Fels. In ihrer Angst gab Emma dem Pferde die Sporen. Es sprang über den tausend Fuß tiefen, grausigen Abgrund und erreichte schließlich die andere Seite des Flußtales. Durch die Kraft des Sprunges bohrte sich der Fuß des Pferdes tief ins Gestein. Den Roßtrapp kann man noch heute leicht finden. Bodo gelang der weite Sprung nicht. Er stürzte in das Wasser des Flusses, der nach ihm bis heute Bode heißt.

das oder *daß*?

Sätze mit *das*

1 Das Haus, das dort steht, ist unbewohnt.
2 Mir kann das nicht passieren!
3 Was du da behauptest, das ist falsch!
4 Es wäre besser gewesen, du hättest das nicht getan!
5 Man muß nicht immer das tun, was andere wollen!

Sätze mit *daß*

1 Ich glaube, daß du recht hast.
2 Ich hoffe sehr, daß du ein Tor schießt.
3 Daß du nicht gelogen hast, will ich dir gern glauben.
4 Wir sind der Meinung, daß Tina ihr Gedicht am besten aufgesagt hat.
5 Daß Jens gewonnen hat, ist eine echte Überraschung.*

Sätze mit *das* oder *daß*

1 Das darf doch nicht wahr sein!
2 Daß du lügst, sieht man dir an der Nase an!
3 Man kann das nie wissen!
4 Ich glaube, das stimmt nicht!
5 Alle freuen sich darauf, daß die Stunde endlich vorbei ist.
6 Daß du das kannst, glaube ich dir gern.
7 Wir sind der Meinung, daß das zu teuer ist.
8 Daß du Spaß daran hast, das freut mich sehr.
9 Das finde ich gut, daß du ehrlich warst!
10 Warum muß man das eigentlich lernen, daß es zwei so dumme Wörter gibt?

Fremdwörter

Die Panne

Es war nachmittags, als unser Omnibus bei der Rückfahrt von einem Theaterbesuch mit Motorschaden auf den Rastplatz fahren mußte. Der Busfahrer, der für den Abend noch einen weiteren Termin hatte, wurde ganz hektisch, weil sein Programm durch die Panne durcheinandergeraten war. Er probierte und experimentierte an der Maschine herum, doch anscheinend war der Motor so kaputt, daß eine Reparatur nur durch einen Fachmann erfolgen konnte.
Deshalb telefonierte er persönlich mit einer Reparaturwerkstatt in einem Nachbardorf. Zum Glück dauerte es nur wenige Minuten, bis ein Monteur zur Stelle war. Er hatte das Problem schnell gelöst. Ein Benzinschlauch war defekt. „Das ist ein typischer Fall von Materialermüdung“, erklärte er uns interessierten Zuschauern. „Das passiert schon öfter.“ Unser Fahrer hatte dank der schnellen Hilfe doch noch gute Chancen, sein Programm einhalten zu können.

Die Radtour

Die Idee zu dieser Radtour stammte von meiner Mutter. Sie meinte, daß wir bei meiner Tante vorbeifahren könnten, um ihr persönlich zum Geburtstag zu gratulieren. Der Gedanke an Kaffee und Tante Bärbels phantastischen Butterkuchen machte diesen Ausflug für mich noch attraktiver. Doch vor dem Vergnügen stand leider der Schweiß.

Ich hatte schon seit Tagen Probleme mit der Fahrradbeleuchtung*. Bei einem Sturz war das Beleuchtungskabel mehrfach durchgerissen. Obwohl ich schon viel probiert und experimentiert hatte, wollte es mir nicht gelingen, das kaputte Kabel zu reparieren. Ich mußte daher das defekte Kabel gegen ein neues austauschen. Aber die Mühe hat sich gelohnt. Auf der ganzen Tour ist mit unseren Fahrrädern nichts passiert, und am Abend funktionierte die elektrische Anlage ganz prima. Unsere Anoraks hatten wir umsonst mitgenommen, denn Regen haben wir nicht bekommen, dafür aber einen ganz tollen Geburtstagskuchen.

Zusammen oder getrennt?

Pech gehabt

Manchmal gelingt mir aber auch gar nichts. Nachdem heute morgen der Wecker geklingelt hatte, wollte ich gern noch ein wenig liegen bleiben. Aber schon war ich wieder eingeschlafen und stand zu spät auf. Meine Mutter wurde sehr ägerlich. Da meine Schultasche heute besonders schwer war, wollte ich im Bus sitzen bleiben. Doch ein alter Herr guckte mich sehr streng an, so daß ich schnell aufstand. In der ersten Stunde schrieben wir eine Mathematikarbeit. Eigentlich sollten mir die Aufgaben nicht schwerfallen, aber da ich noch so müde war, rechnete ich zu langsam und wurde nicht fertig. Im Deutschunterricht besprachen wir, daß man Nomen nicht klein schreiben darf. Das ist ja ganz einfach. Doch als ich die Übungen abschrieb, kleckerte mein Füllhalter, so daß ich mir die Finger und die Heftseiten ganz blau machte. Leider bemerkte ich erst im Sportunterricht, daß ich meine Turnschuhe in der Eile heute morgen zu Hause liegenlassen hatte. So durfte ich nicht am Fußballspiel teilnehmen. Und gerade darauf hatte ich mich so gefreut! In der letzten Stunde bekam ich noch eine Fünf in der Englischarbeit zurück. Ich werde doch hoffentlich nicht sitzenbleiben? Aber mein Vater sagt, man soll nicht immer schwarzsehen. Und so hoffe ich, daß morgen in der Schule alles glattgehen wird.

Junge Katzen

Mit etwas Glück kann man auf Bauernhöfen in den warmen Strahlen der Frühjahrssonne* gleich mehrere junge Katzen spielen sehen. Die Kleinen toben dann vormittags oder gegen Mittag im Gras herum oder faulenzen* einfach in der Sonne. Zu Beginn beobachtet die Mutter noch das Spielen ihres Nachwuchses. Doch von Tag zu Tag werden die Jungen selbständiger.

Die Mutigen entfernen sich immer weiter von der Alten. Die Zutraulichen kann man sogar streicheln. Etwas Seltsames geschieht jedoch, wenn Gefahr droht. Dann versucht die Mutter sofort, ihren Nachwuchs in Sicherheit zu bringen. Durch Fauchen und Buckeln will sie die Gefahr von den Spielenden abwenden und sucht als letzte einen sicheren Zufluchtsort*.

Vor der Urlaubsfahrt

Bevor die lange herbeigesehnte* Urlaubsfahrt beginnen kann, sind viele Arbeiten zu verrichten. Das Suchen und Packen der unterschiedlichsten Dinge nimmt doch erstaunlich viel Zeit in Anspruch. Meistens landen die letzten Gegenstände erst am Abend vor der Abreise in den Koffern und Taschen. Und nachts beginnt dann das Grübeln darüber, ob auch wirklich alles Nötige verstaut worden ist.

In der Frühe des nächsten Morgens erfolgt die abschließende Kontrolle.

Die Eltern sind nervöser* als sonst, obwohl doch Urlaub ist. Am besten ist es, wenn man sie jetzt beim Einpacken nicht unnötig stört. Denn jeder weiß, daß nach dem wenig Erfreulichen bald das Schönste folgt: der Urlaub.

Gespenster

Willi war am Montag zu seiner Tante gefahren. Er war den ganzen Nachmittag mit dem Zug unterwegs und kam erst abends in Spukhausen an. Seine Tante besaß dort ein großes, altes Forsthaus mitten im Wald. Schon bald, nachdem er zu Abend gegessen hatte, legte er sich ins Gästezimmer schlafen. Doch nachts wachte er plötzlich auf und sah im Mondlicht, wie sich am Bettende ein paar Finger bewegten.

Er verkroch sich unter seine Bettdecke und konnte bis zum Morgen nicht einschlafen. Am folgenden Tag suchte er sich nachmittags einen langen Stock, um des Nachts besser auf seinen Besuch vorbereitet zu sein. Als er dann um Mitternacht erneut aufwachte und wieder die Finger bemerkte, schlug er kräftig zu. Am Mittwochmorgen humpelte Willi mit einem verbundenen Fuß zum Frühstück.

Heute geht alles schief

Als heute morgen der Wecker klingelte, war ich noch todmüde. Erst konnte ich meine Sachen nicht finden, dann habe ich mich beim Frühstück bekleckert, und schließlich habe ich noch den Bus verpaßt. Da ich mich gestern schon verspätet hatte, wollte ich heute unbedingt pünktlich sein. Meine Mutter war richtig begeistert darüber, daß sie mich zur Schule fahren mußte.

Nachdem wir schon zehn Minuten gefahren waren, habe ich noch einmal in meine Tasche geschaut. Das Federmäppchen, die Hefte und die Bücher waren da, aber meine Sporttasche hatte ich vergessen. Als ich meiner Mutter das sagte, wurden ihre Lippen ganz schmal. Ich fühlte, daß sie mit ihrer Geduld nun wirklich am Ende war. Obwohl ich heute eigentlich noch Taschengeld bekomme, habe ich davon jetzt nicht gesprochen. Ich bin froh, wenn der Tag heute nicht so weitergeht.

Zwei Witze

Nachdem sich die Familie Müller schon lange auf den Urlaub gefreut hatte, war es endlich so weit. Als sie an die Grenze kamen, dachte der Vater laut nach: „Die Koffer sind da, das Campingzelt* ist da, die Luftmatratzen* sind da, aber der Küchentisch fehlt."

„Was willst du denn mit dem großen, schweren Küchentisch?" fragte seine Frau.

„Da liegen unsere Pässe drauf!"

Der Lehrer macht ein ganz verzweifeltes Gesicht, als er Klaus das Diktatheft zurückgibt.

„Im Rechnen bist du wirklich gut, im Sport bist du der Beste, aber deine Rechtschreibung ist schrecklich. Wenn du bei einem Wort Zweifel hast, schlag doch im Wörterbuch nach."

„Aber ich habe doch keine Zweifel!"

Hinweise zur Überwinterung von Igeln

Nur untergewichtige*, schwache oder kranke Igel dürfen zum Überwintern ins Haus genommen werden. Viele Igel haben Ungeziefer, daher muß man sie handwarm* abbrausen. Zecken* lassen sich aus der Haut ziehen, wenn man sie mit Speiseöl beträufelt*. Ein Igel läßt sich gut in einer Kiste unterbringen, sie muß jedoch jeden Tag mit Katzenstreu, Stroh, Sand oder Zeitungspapier ausgelegt werden, damit es nicht riecht.

Das Futter besteht aus Rinderhack, gekochter Leber, Eiern oder Katzenfutter und frischem Wasser. Auf keinen Fall bekommt ein Igel Süßigkeiten, Salz oder unverdünnte Milch, da er davon sterben kann. Wenn ein Igel 800 Gramm schwer ist, sollte er Winterschlaf halten. Dazu stellt man die Kiste mit dem Igel in einen dunklen, kühlen Raum. Es ist wichtig, daß man den Igel vor dem Freilassen noch einmal gut füttert. Weitere Hinweise und Ratschläge zur Pflege von Igeln gibt jeder örtliche Tierschutzverein*.

Register der grammatischen Fachausdrücke

Ableitung: (siehe S. 122) durch das Anfügen von Präfixen (*er-*, *ge-*, *ver-*) und/ oder Suffixen (*-bar, -ig, -ung*) an den Wortstamm können unterschiedliche Wörter gebildet werden: *erholsam, Erholung, erholen*. Das Suffix bestimmt die Wortart des abgeleiteten Wortes.

Adjektiv: (siehe S. 94) eine Wortart (Eigenschaftswort, Wiewort): *lieb, schön, hoch*; Adjektive lassen sich steigern: *lieb, lieber, am liebsten.*

Adverb: (siehe S. 96) eine Wortart (Umstandswort): *gern, rechts, morgen;* Adverbien gehören zu den Wörtern, die man nicht beugen kann.

Adverbial: (siehe S. 73-75) ein Satzglied (adverbiale Bestimmung/ Umstandsbestimmung). Auf die Fragen „Wann?“, „Seit wann?“, „Wie lange?“ antworten die Adverbiale der Zeit, auf die Fragen „Wo?“, „Wohin?“ geben Adverbiale des Ortes Auskunft; Adverbiale der Art und Weise ermittelt man durch die Frage „Wie?“ und die Adverbiale des Grundes durch die Frage „Warum?“: *Es gab gestern im Dorf wegen des Nebels einen Unfall.*

Akkusativ: 4. Fall; den Akkusativ ermittelt man mit der Frage „Wen oder was?“: *Der Hund sieht einen Kater.*

Artikel: (siehe S. 99) eine Wortart (Begleiter, Geschlechtswort); bestimmter Artikel: *der, die, das;* unbestimmter Artikel: *ein, eine.*

Attribut: (siehe S. 79) ein Satzgliedteil (Beifügung) zur genauen Bestimmung eines Nomens (Substantivs); vorangestelltes Attribut: *der schöne Garten*, nachgestelltes Attribut: *der Garten des Nachbarn*; präpositionales Attribut: *ein Schüler aus meiner Klasse.*

Aufforderungssatz: Aufforderungs- und Ausrufesätze stehen mit einem Ausrufezeichen: *Komm bitte her! - O weh!*

Ausrufesatz: siehe *Aufforderungssatz.*

Ausrufezeichen: ein Satzzeichen zur Kennzeichnung von Ausrufen oder Aufforderungen: *O weh! - Geh jetzt!*

Aussagesatz: Aussagesätze schließen mit einem Punkt.

Begleitsatz: steht vor, zwischen oder im Anschluß an den Redeteil einer wörtlichen Rede: *Sie sagte ärgerlich: „Ich habe keine Lust mehr, mit euch länger zu diskutieren!“ - „Ich meine auch“, sagte er,“daß Reden nichts mehr bringt.“ - „Ihr seid Drückeberger!“ sagten die beiden anderen und redeten weiter.*

Dativ: 3. Fall; den Dativ ermittelt man mit der Frage „Wem?“: *Sie hilft ihrem Freund.*

Erbwörter: (siehe S. 124) Wörter unseres Wortschatzes, die germanischen Ursprungs sind: *Vater, Herz ...*

Finite Verbform: (siehe S. 84) gebeugte Verbform: *du liest, er lachte ...;* Gegenteil: infinite Verbformen: *lachen, lachend, gelacht.*

Fragesatz: Fragesätze stehen mit einem Fragzeichen.
Es gibt zwei Arten von Fragen:

1) Entscheidungsfragen, auf die man mit ja/nein antworten kann: *Hast du deine Aufgaben gemacht?*
2) W-Fragen (mit wo, wer, wann, wie, warum), auf die man mit einem ganzen Satz antwortet: *Warum bist du so traurig?*

Futur: (siehe S. 101 u. S. 103) eine Zeitform des Verbs; das Futur I kann einen Vorgang als zukünftig ablaufend darstellen: *In den nächsten Jahren werden sich die Düsentornister durchsetzen.*

Futur II beschreibt einen Vorgang, der in der Zukunft abgeschlossen ist: *Morgen werde ich alles erledigt haben.*

Genitiv: 2. Fall; den Genitiv ermittelt man mit der Frage „Wessen?“: *der Kahn des Fischers.*

Hauptsatz: (siehe S. 159-163) Satz mit Subjekt und Prädikat, in dem die finite Verbform an zweiter Stelle steht.

Imperativ: (siehe S. 85) Aussageform des Verbs, Befehlsform: *Kommt! Nimm!*

Indikativ: (siehe S. 85) einfache Aussageform des Verbs: *du kommst, man nimmt.*

Infinitv: (siehe S. 84) infinite, ungebeugte Form des Verbs: *lachen.* Gegenteil: finite Verbform: *Sie lacht.*

Komparativ: Vergleichsstufe des Adjektivs: *höher, schöner, größer ...*

Konjunktion: (siehe S. 98) eine Wortart (Bindewort): *und, oder, daß, weil, als, wie.* Konjunktionen verbinden Wörter und Sätze miteinander; man kann Wörter dieser Wortart nicht beugen.

Konjunktiv: (siehe S. 85) Aussageform des Verbs, Wunsch- oder Höflichkeitsform: *er käme, man nehme.*

Konsonant: Mitlaut: *b, d, f, g ...;* Gegenteil: Vokal.

Lehnwörter: (siehe S. 124) Wörter unseres Wortschatzes, die aus anderen Sprachen stammen: *Fenster* (lat. *fenestra*).

Nebensatz: (siehe S. 161-163) dem Hauptsatz untergeordneter Satz, häufig durch eine Konjunktion (*daß, als, weil ...*) eingeleitet. Im Nebensatz steht die finite Verbform am Ende. Hauptsatz und Nebensatz werden durch ein Komma getrennt.

Nomen: (siehe S. 87) eine Wortart (Substantiv, Hauptwort); Nomen werden groß geschrieben: *Schüler, Glück, Spaß.*

Nominativ: 1. Fall; den Nominativ ermittelt man mit der Frage „Wer oder was?“: *der Hund.*

Objekt: (siehe S. 69) ein Satzglied (Ergänzung).

Partizip: (siehe S. 84) infinite, ungebeugte Formen des Verbs: *kommend, singend* (Partizip I), *gekommen, gesungen* (Partizip II).

Perfekt: (siehe S. 101) eine Zeitform des Verbs; das Perfekt kann einen vergangenen Vorgang als vollendet, abgeschlossen darstellen: *Er ist gekommen. Sie hat die Aufgabe gemacht.*

Plural: eine Form des Nomens (Mehrzahlform): *die Leute, die Kinder, die Hunde*; Gegenteil: Singular.

Plusquamperfekt: (siehe S. 102) eine Zeitform des Verbs (Vorvergangenheit); es bezeichnet einen Vorgang, der in der Vorvergangenheit schon abgeschlossen

ist: *Nachdem ich das Licht ausgemacht hatte, schlief ich ein.*
Positiv: Grundstufe des Adjektivs: *hoch, schön, groß.*
Prädikat: (siehe S. 69) ein Satzglied (Satzaussage); das Prädikat kann aus einem einzelnen Verb bestehen: *Es schneit*; es kann mehrteilig sein: *Er hat ihn ausgelacht; sie lacht ihn aus.* Diese Prädikate nennt man verbale Prädikate. Von nominalem Prädikat oder Prädikatsnomen spricht man, wenn das Prädikat mit einer Form von *sein* oder *werden* und einem Nomen oder Adjektiv gebildet wird: *Meine Schwester wird Verkäuferin. Der Apfel ist faul.*
Präposition: (siehe S. 97) eine Wortart (Verhältniswort); auf Präpositionen folgt der 2., 3. oder 4. Fall: *wegen des Regens, in dem Haus, auf den Berg.*
Weitere Präpositionen: *bei, vor, durch, über ...*
Präpositionales Objekt: (siehe S. 71) Das präpositionale Objekt ermittelt man mit Hilfe eines Fragewortes und einer Präposition: *Petra paßt auf ihren kleinen Bruder auf. - Auf wen?*
Präsens: (siehe S. 101) eine Zeitform des Verbs (Gegenwart); das Präsens kann einen Vorgang als gegenwärtig ablaufend und allgemeingültig darstellen: *Sie geht gerade zum Baden. Kaninchen bringen bis zu zehn Junge zur Welt.*
Präteritum: (siehe S. 101) eine Zeitform des Verbs (Imperfekt, Vergangenheit); das Präteritum kann einen Vorgang als vergangen darstellen: *Er kam gestern vorbei. Damals gab es wenig zu essen.*
Pronomen: (siehe S. 87-93) eine Wortart (Fürwort); persönliches Personalpronomen (Fürwort): *ich, du, er, sie, es ...*; die Possessivpronomen (besitzanzeigende Fürwörter) können einen Besitz bezeichnen: *mein, dein, sein, unser ...*; Demonstrativpronomen (hinweisende Fürwörter) weisen oft auf bestimmte Personen oder Sachverhalte hin: *dieser, jene, solches ...*; Relativpronomen beziehen sich auf die Nomen des vorhergehenden Satzes: *Das Haus, das am Dorfrand steht, ...*; Reflexivpronomen (rückbezügliche Fürwörter) werden zusammen mit bestimmten Verben gebraucht: *sich beeilen, ich beeile mich ...*
Redeteil: wörtlicher Teil der direkten Rede: *Er sagte: „Ich weiß es genau."* Redeteile stehen in Anführungsstrichen.
Satzarten: Aussagesatz, Fragesatz, Ausrufesatz, Aufforderungssatz.
Satzgefüge: (siehe S. 161) Zusammengesetzter Satz aus Haupt- und Nebensatz, die durch ein Komma getrennt werden: *Ich freue mich, daß du kommst.*
Satzglied: Teil des Satzes, der sich umstellen läßt, ohne daß sich der Sinn des Satzes verändert: */ Sie / fährt / gern / mit dem Rad / in die Schule.*
Es gibt vier Arten von Satzgliedern: Prädikat, Subjekt, Objekt, Adverbial.
Satzreihe / Satzverbindung: (siehe S. 159) zusammengesetzter Satz aus Hauptsätzen, die durch Komma getrennt werden: *Robert trinkt Kaffee, Regina schmiert Brot, und Peter packt seine Tasche.*
Singular: eine Form des Nomens (Einzahlform): *das Kind, der Hund;* Gegenteil: Plural.
Subjekt: (siehe S. 69) ein Satzglied (Satzgegenstand); das Subjekt ermittelt man mit der Frage *„Wer oder was?": Der Hund bellt den Mond an.*
Superlativ: Höchststufe bei der Steigerung von Adjektiven: *am höchsten, am*

schönsten, am größten ...
Umstellprobe: Verschiebeprobe: Experiment zur Ermittlung von Satzgliedern (siehe Satzglied).
Verb: (siehe S. 84-86) eine Wortart (Zeitwort, Tätigkeitswort): *gehen, schlafen, ...*
Verbklammer: mehrteiliges Prädikat; das Hilfsverb steht an zweiter Stelle, das Vollverb an letzter: *Er hatte sich die Arbeit leichter vorgestellt.*
Vokal: Selbstlaute: *a, e, i, o, u;* Umlaute: *ä, ö, ü.*
Wortart: (siehe S. 99) Wortarten sind: Verb, Nomen, Adjektiv, Artikel, Adverb, Präposition, Pronomen, Konjunktion.
Wortbildung: (siehe S. 119-123) Bildung neuer Wörter durch Ableitung: *besorgen, Sorgfalt* oder durch Zusammensetzung: *Kleinbildkamera.*
Wortfamilie: (siehe S. 119) Wörter, die einen gleichen Wortstamm haben und miteinander verwandt sind: *fahren, fuhr, gefährlich, Fährte, Fuhre ...*
Wortfeld: (siehe S. 112-114) Wörter einer Wortart, die eine ähnliche Bedeutung haben: *gehen, rennen, spazieren, ...* oder: *flaschengrün, olivgrün, spinatgrün ...*
Zeitformen: (siehe S. 101-107) es gibt sechs Zeitformen, die man an den Verben erkennen kann: Präsens: *holt*; Perfekt: *hat geholt*; Präteritum: *holte*; Plusquamperfekt: *hatte geholt*; Futur I: *wird holen*; Futur II: *wird geholt haben.*
Zusammensetzung: (siehe S. 120) durch die Zusammensetzung von Wörtern entsteht ein neues Wort: *nachdenken, steinalt, Kleinbildkamera.* Den ersten Teil der Zusammensetzung nennt man Bestimmungswort, den zweiten Teil Grundwort. Das Grundwort gibt auch die Wortart der Zusammensetzung an.

Quellennachweise

Texte

S. 7: Aus einem Ratgeber für Volksschullehrer von 1900
S. 7: Damit jede Störung ...; aus: C. Kehr, Die Praxis der Volksschule, Verlag Thienemann, Gotha (12)1903; zit. nach Klaus Hartmann (Hrsg.), Schule und Staat im 18. und 19. Jahrhundert, Suhrkamp Verlag, Frankfurt/M. 1974
S. 10: Verhaltensregeln für das Zusammenleben in der Schule; aus: Schulordnung der Orientierungsstufe Hermannsburg
S. 11: Ulrich Zimmermann, Wie ein Schüler sein soll; aus: Abgeschrieben - Texte zum Thema Schule, Davids Drucke, Göttingen (2) 1980
S. 20: Uralt-Buche; aus: Rowohlts Bunte Liste, Rowohlt Verlag, Reinbek 1983
S. 21/23/25/27: Textauszüge; aus: Astrid Lindgren, Ronja Räubertochter, Friedrich Oetinger Verlag, Hamburg 1982
S. 22: Wilhelm Busch: Hund und Katze; aus: Wilhelm Busch, Was beliebt, ist auch erlaubt, hrsg. von Rolf Hochhuth, Bertelsmann Verlag, München o. J.
S. 26: Gustav Falke: Zwiegespräch; aus: Otto Sperbers Vogelbuch, Westermann Verlag, Braunschweig 1923
S. 28: Einleitung zur 9. Eulenspiegelgeschichte; aus: Hermann Bote, Till Eulenspiegel, hrsg. von Siegfried H. Sichtermann, Insel Verlag, Frankfurt/M. 1978
S. 40: „Der Drache kam immer näher ..."; aus: Aliki, Gefühle sind wie Farben, Beltz Verlag, Weinheim und Basel 1987
S. 41: „Gut, aber was?"; aus: Michael Ende, Momo, K. Thienemanns Verlag, Stuttgart 1973
S. 44: Michel Butor: Die kleinen Spiegel; aus: Dichter Europas erzählen Kindern, hrsg. von Gertraud Middelhauve, Middelhauve Verlag, Köln 1972

S. 58: Brand im Baumarkt; aus: Northeimer Nachrichten vom 12.12.1988
S. 60: Textauszug: Vorlesewettbewerb des deutschen Buchhandels 1988/89; Börsenverein des Deutschen Buchhandels e.V., Frankfurt/M.
S. 61: Britta Schröder las Ronja Räubertochter; nach: Northeimer Nachrichten vom 24.2.1989
S. 66: aus: Sächsische Zeitung vom 26.10.92
S. 71: dpa-Meldung vom 23. 11.93
S. 80: „Warum in die Ferne schweifen?"; nach Neues Deutschland vom 10.11.1992
S. 88: Nach Aesop: Der Löwe und die Maus; aus: Schöne Fabeln des Altertums, ausgewählt und übertragen von Horst Gasse, Dietrich'sche Verlagsbuchhandlung, Leipzig 1968
S. 89/119/127/149/169: Textauszüge aus: Unser Wortschatz, Westermann Schulbuchverlag, Braunschweig 1993
S. 93: dpa-Meldung vom 5.1.1991
S. 122: Manfred Bartz: Die Sonnenbrunnengeschichte; aus: Alles Unsinn. Deutsche Ulk- und Scherzdichtung von ehedem bis momentan, Eulenspiegelverlag, Berlin 1969
S. 142: Textauszüge; aus: Duden Rechtschreibung, Dudenverlag, Mannheim 1991
S. 160: „Unsere Bimmelbahn"; nach: Dresdner Stadtkurier vom 25.9.1991
S. 163: „Kuriositäten"; nach: Sächsische Zeitung vom 12.10.1992
S. 166: „Hungrige Bären versetzen Kanada in Schrecken"; nach: Berliner Morgenpost vom 30.9.1992
S. 168: nach: Matthias Freude: Pflanzen, Tiere und Naturschutz, Kinderbuchverlag, Berlin 1987
S. 169: Text (A); aus: dtv-Junior Lexikon, Deutscher Taschenbuchverlag, München o.J.; Text (C); aus: Sinn- und sachverwandte Wörter, Bibliographisches Institut, Mannheim 1972
S. 170: Fragen aus Ratespiel; aus: Trivial pursuit, Kenner Parker Toys, Radgau

Abbildungen

Illustration und graphische Gestaltung: Peter Lowin, ARTBOX Grafik & Satz GmbH, Bremen
Einband: Angelika Schuberg-Arens, Bremen
S. 6: Foto oben: Ullstein Bilderdienst, Berlin Foto unten: Dieter Rixe, Braunschweig
S. 7: Reinhold Löffler, Dinkelsbühl
S. 19: oben: Plakat „Vorlese-Wettbewerb", Börsenverein des Deutschen Buchhandels, Frankfurt/M.
S. 21/25/27: Astrid Lindgren, Ronja Räubertochter, Friedrich Oetinger Verlag, Hamburg 1982
S. 28: Hermann Bote, Till Eulenspiegel, hrsg. von Siegfried H. Sichtermann, Insel Verlag, Frankfurt/M. 1978
S. 36/37: Bildagentur Bavaria, Gauting b. München (Kleinwagen, Merten; Magnetbahn, IPCE; Kanufahrt, Buchholz; Karawane, Reinbacher; Boeing 737, Füllenbach; Fallschirmspringer, Wagner; Hauskatze, Reinhard); Bildagentur Okapia, Frankfurt/M. (Delphin, Hans Reinhard)
S. 40/114: Aliki, Gefühle sind wie Farben, Beltz Verlag, Programm Beltz und Gelberg, Weinheim und Basel (2)1987
S. 43: Leo Leonhard, Bickenbach
S. 47/48: Christoph Berens, Hildesheim
S. 54: Norbert Neuhof, Braunschweig
S. 56: Marionette: Pulfer, Bavaria, Gauting b. München; Handpuppe: Poehlmann, Mauritius, Mittenwald; Stabpuppen: Gabriele Warnke, Übersee-Museum, Bremen
S. 62: Dieter Rixe, Braunschweig
S. 63: © R. Ulm, Agentur Voller Ernst, Berlin
S. 69: Donald Duck, © Disney
S. 70: (Truck), Krämer, IFA-Bilderteam, Taufkirchen
S. 76: Hör zu 14/89, Axel Springer Verlag, Hamburg 1989
S. 79: (Tiger) Lacz, Mauritius, Mittenwald
S. 76: Hör zu 14/89, Axel Springer Verlag, Hamburg 1989
S. 94: (Biber) Reinhard, Bio-Info, Ibbenbüren
S. 95: (Schlangen) Jany Sauvanet, Okapia, Frankfurt/M.
S. 96: IFA-Bilderteam, Taufkirchen (Graf)
S. 114: Keystone Pressedienst, Hamburg
S. 115: Marie Marcks, Heidelberg
S. 138: © Muratet, Agentur Voller Ernst, Berlin
S. 165: Hackenberg, Bildagentur Zefa, Düsseldorf